AF276489

Colección
Voces 5W
Nº 9

Primera edición:
Septiembre de 2024

© de los textos:
Laia Abril y Santi Palacios
© de las ilustraciones:
Cinta Fosch

© de la presente edición:
Colectivo 5W, S.L.
www.revista5w.com

Esta primera edición tiene una
tirada de 5.000 ejemplares

Edición: **Agus Morales y Maribel Izcue**

Diseño gráfico: **Laura Fabregat**
Impresión: **Nova Era Publications**
Corrección: **Arturo Muñoz**

ISBN: 978-84-123623-9-8
Depósito legal: B 17316-2024

Voces 5W

Leer las imágenes

Conversación entre Laia Abril y Santi Palacios

Ilustraciones de Cinta Fosch

Índice

Como siempre, lo
contamos todo
con las 5W

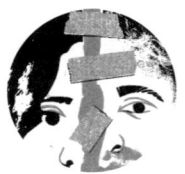

1.

Who.

—
Pág. 08
El autor y la autora.
Santi Palacios le
hace un test de
personalidad a Laia
Abril y Laia Abril
le hace un test de
personalidad a
Santi Palacios.

2.

What.

—
Pág. 26
Una reflexión
sobre la fotografía
como herramienta
para contar el
mundo. La estética
de las imágenes
y la historia que
cuentan. Cambiar
la mirada: de las
víctimas a las es-
tructuras de poder.

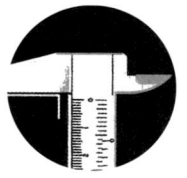
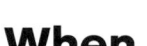

3.

When.
—

Pág. 58
Estar lejos, estar
cerca. De Srebrenica
a Treviso. De un
viaje en camión por
Europa a La Paz.
Ausencia y presencia
de la primera persona.
Metodologías de
trabajo. Proyectos para
contar los problemas
de nuestro tiempo.

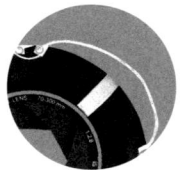

4.

Where.
—

Pág. 88
Fronteras, migraciones
y conflictos. Una
historia de la
misoginia. Uso y
abuso del concepto
de verdad. Pequeñas
victorias en un
mundo saturado
de información.
Proyectos que valen
la pena.

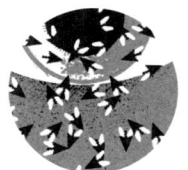

5.

Why.
—

Pág. 116
Más allá del formato,
lo importante es la
historia, el tema, la
idea, el concepto.
Las vidas de una
fotografía. Dilemas
sobre la exposición
del dolor. Las políticas
de representación. El
espacio de consumo
de las imágenes.

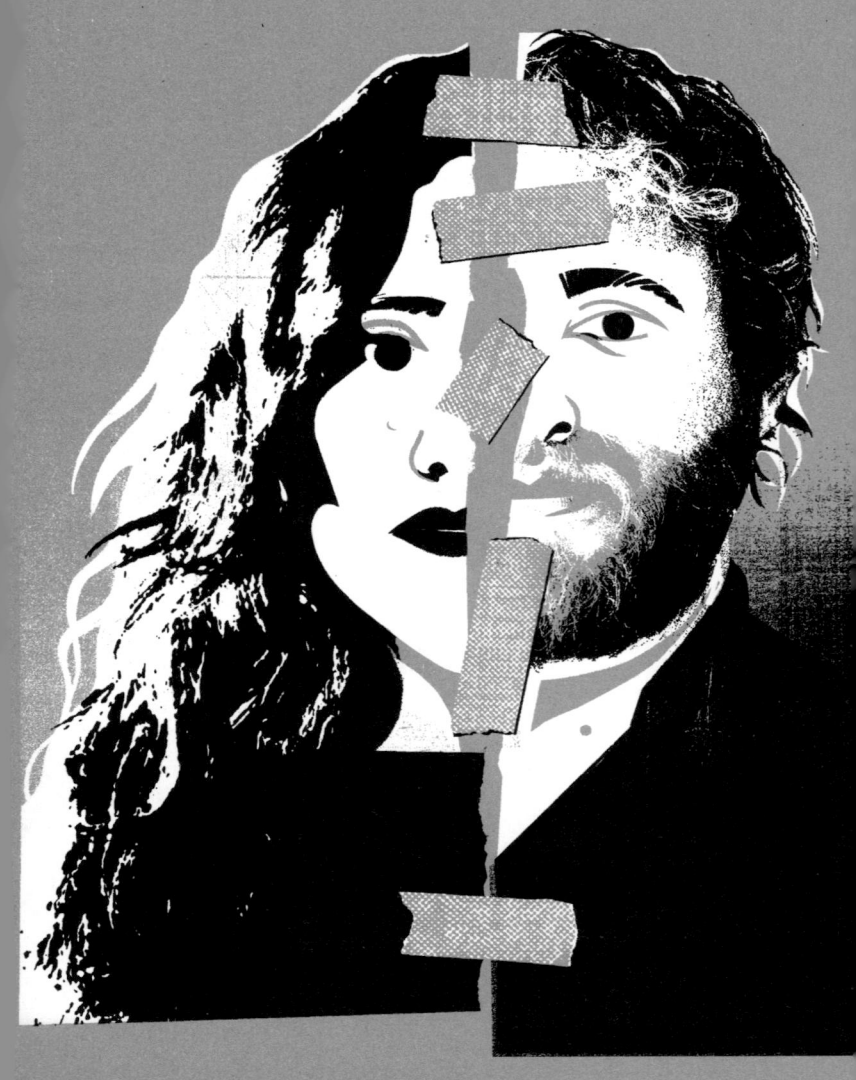

who.

En un intento de adaptarnos a los tiempos que corren, ambos hemos preguntado a ChatGPT qué preguntas nos haría para presentarnos en la introducción de un libro como este. No tenemos claro si nos han gustado las propuestas de la inteligencia artificial, así que hemos decidido mezclar sus preguntas y las nuestras, sin aclarar quién formula cada una. Las respuestas son nuestras, de puño y letra. Y para que podáis navegar bien por ellas, al final os hemos dejado un resumen de nuestra biografía.

Santi Palacios le hace un test de personalidad a Laia Abril

¿Vino, cerveza o algo más fuerte?
Vino, siempre.

Si tu cámara pudiera hablar, ¿qué crees que diría sobre ti?
Que no la quiero mucho.

¿A qué te dedicarías si no fueras fotógrafa?
Haría radio.

¿Cuántas fotos crees que has hecho a lo largo de tu carrera?
Menos de la mitad de la mitad de las que piensas.

¿De qué te arrepientes (fotográficamente)?
De no dejarme llevar más.

De las fotos que nunca hiciste, ¿cuál es la que más echas de menos?
Haber hecho más fotos de mi *iaia* [yaya en catalán].

Si todo diera igual, ¿qué te gustaría gritar en la inauguración de una de tus exposiciones para que todo el mundo lo oyera?
Solo gritaría, sin decir nada específico.

¿Libros de texto o de fotografía?
Texto ilustrado.

¿Qué foto ajena te gustaría haber hecho?
Uf, muchísimas. Los retratos posparto de Rineke Dijkstra. Los vídeos de Bill Viola. Las instalaciones de Teresa Margolles.

¿Cuál es la fotografía que no puedes olvidar?
El autorretrato de Nan Goldin después de ser golpeada.

¿Cuál es la primera foto que recuerdas haber hecho?
A mis padres, con una cámara de usar y tirar.

¿Qué guion escribirías para una película de ficción?
La historia de una monja de clausura.

¿Cuál es el trabajo que más te ha costado resolver?
El que más me ha costado hacer es la serie sobre feminicidios.

Vas al aeropuerto ahora mismo, sin billete, ¿adónde volarías?
A Japón.

¿Qué te gustaría hacer un domingo a las cuatro de la tarde?
Ir al aeropuerto sin billete de camino a Japón.

Solo puedes recomendar un libro a lectores y lectoras, ¿cuál?
Todos deberíamos ser feministas, de Chimamanda Ngozi Adichie.

Estás de viaje, te han robado la cartera y solo te quedan 50 euros en el bolsillo. Entras en un casino pasada la medianoche porque necesitas multiplicar esa cifra,

¿cómo te los juegas?
Contrato a alguien que juegue por mí a comisión.

¿Qué trabajo harías en unos Juegos Olímpicos?
Dirigir la inauguración.

Estás en Roma, a finales de mayo, y puedes invitar a una copa a cualquier personaje de la historia. ¿Con quién te la tomas?
Con Hipatia.

El Parlamento y Consejo europeos tienen la obligación de aplicar una única ley que tú propongas. ¿Sobre qué harías la propuesta?
Prohibir a los multimillonarios.

Donald Trump está en el Despacho Oval y tiene que escucharte durante cinco minutos a solas. ¿Qué le dices?
Le pondría testimonios de las mujeres que lo acusan de abuso sexual.

¿Sobre qué tema no te atreverías a trabajar?
Cualquiera que tenga que ver con el maltrato animal.

¿La vida de quién te gustaría retratar?
Patti Smith.

¿Con qué fotógrafo o fotógrafa, vivo o muerto, saldrías a cenar?

Taryn Simon.

La próxima presidenta o presidente de España quiere que seas su fotógrafa oficial, ¿aceptas?

Depende de quién sea.

¿Seguirás haciendo fotos dentro de 20 años?

¿Existirá la fotografía en 20 años?

Laia Abril (1986) es una artista multidisciplinaria cuyo trabajo, fundamentado en la investigación, abarca la fotografía, el texto, el vídeo y el sonido. Tras graduarse en Periodismo, se mudó a Nueva York para estudiar fotografía, donde comenzó a narrar historias íntimas que revelan realidades incómodas y ocultas, enfocándose más tarde en la biopolítica y en los derechos de la mujer. En 2009 obtuvo una residencia artística en Fabrica, el centro de investigación de Benetton en Treviso, donde trabajó durante cinco años como investigadora, editora y fotógrafa para *Colors Magazine*.

Abril desarrolla sus proyectos en diversas formas, incluyendo instalaciones, libros y películas. Su trabajo ha sido ampliamente exhibido y publicado internacionalmente, y forma parte de colecciones privadas y museos como el Centre Pompidou y los Fondos Regionales de Arte Contemporáneo (FRAC) en Francia, el Musée de l'Elysée y el Fotomuseum Winterthur en Suiza, el MoCP en Chicago, el Museum of Sex en Nueva York, y el MACBA, el MNAC y Foto Colectania en Barcelona.

Inicia su carrera como autora con *Thinspiration* (2012), *Tediousphilia* (Musée de l'Elysée, 2014) y *The Epilogue* (Dewi Lewis, 2014), este último preseleccionado para el Paris Photo-Aperture First Book Award, el Fotobookfestival Kassel y el Photo España Best Book Award. *The Epilogue* fue calificado como «una obra maestra de libro de fotografía» por el crítico Jörg Colberg. En 2016, publicó *Lobismuller* (RM Verlag), ganador del Premio Images Book en el Festival Images en Suiza.

Después de completar su proyecto de cinco años *On Eating Disorders*, Abril emprendió su *A History of Misogyny*. Su primer capítulo, *On Abortion*, se inauguró en Les Rencontres d'Arles en 2016, recibiendo el Prix de la Photo Madame Figaro y la Fotopress Grant. El segundo capítulo, *On Rape*, ganó el Visionary Award y la Magnum Fund en 2019 y el Foam Paul Huf en 2022. El libro *On Abortion, and the lack of access* (Dewi Lewis, 2018) ganó el Aperture Best Book Award en 2018 y fue finalista del prestigioso Deutsche Börse en 2019. El libro *On Rape, an institutional failure* (Dewi Lewis, 2022) fue nominado para los premios Kraszna-Krausz.

El tercer capítulo, *On Mass Hysteria*, nominado al Prix Elysée (2018), se compone de una instalación coproducida por el Photo Elysée (Lausana), el Finnish Museum of Helsinki (2024) y Le Bal (París) y el libro: *On Mass Hysteria, un protolenguaje de protesta* (Dewi Lewis + Delpire).

La carrera de Abril ha sido reconocida con la Medalla RPS Hood en 2019 y 2021 y el Premio Nacional de Fotografía en España en 2023.

Actualmente es profesora titular de Narrativas Visuales en la Universidad de Arte, Diseño y Cine de Lucerna, Suiza, y está representada internacionalmente por la galería parisina Les Filles du Calvaire y por Set Espai d'Art en España.

Laia Abril le hace un test de personalidad a Santi Palacios

Si fueras artista, ¿harías fotos?
No sabría ser artista.

¿Hay algún fotógrafo o fotógrafa que te haya influido particularmente?
Cuando empecé fue Eugene Smith. Luego vinieron Koudelka, Capa, Robert Frank, Susan Meiselas, Elliott Erwitt, Cristina García Rodero, Salgado, Nachtwey y tantos otros.

Si pudieras hacer una sesión de fotos en cualquier época de la historia, ¿cuál elegirías y por qué?

Me habría encantado vivir, y hacer lo que hago, entre los años cuarenta y setenta del siglo XX. Soy un nostálgico de épocas que no he vivido, y creo que aquello debió de ser fascinante.

¿Si pudieras arreglar un solo problema en el mundo, cuál sería?

La falta de empatía de quienes tienen capacidad para resolver problemas.

¿Tres personas con las que irías a cenar, vivas o muertas?

Si la cena es hoy, Hunter S. Thompson, George Orwell y Emma McCune.

Si pudieras conseguir diez minutos con los mandatarios del mundo, ¿qué les contarías? ¿Les enseñarías fotos?

Sí, les mostraría una serie de fotos y les contaría la historia que tienen detrás.

Si fueras mujer, ¿qué es lo que más odiarías de este mundo y qué es lo qué más te gustaría?

No lo puedo saber, pero imagino que odiaría verme obligada a temer por mi seguridad en ciertos contextos por el mero hecho de ser mujer.

¿Hablar todos los idiomas del mundo o ser invisible?
Hablar todos los idiomas del mundo.

¿Alguna vez has tomado un selfi inapropiado en una cobertura?
No que yo sepa, pero sí me han hecho fotos, sin yo pretenderlo, que sacadas de contexto pueden serlo.

¿Qué es peor: no poder hacer la foto o hacerla mal?
Ninguna suena bien, pero prefiero, al menos, poder hacerla.

¿Alguna vez has fotografiado algo paranormal?
A un equipo de Frontex salvando la vida a varias familias sirias cuyo barco se estaba hundiendo frente a las costas turcas.

Si pudieras convertir una de tus fotos en una película, ¿cuál sería la trama?
Las fotos que no hice.

Si solo pudieses comer un tipo de comida el resto de tu vida, ¿cuál sería?
Salmorejo.

¿Cuál ha sido tu mejor excusa para acceder a un lugar

prohibido para fotografiar?
Si lo cuento tal vez no pueda repetirla.

¿Cuál es el objeto más raro que has encontrado mientras trabajabas?
Una carta manuscrita acompañada de una serie de fotos en las que aparecían hombres jóvenes empuñando kaláshnikovs.

¿Qué objeto cotidiano se ha convertido en tu accesorio fotográfico favorito?
El pasaporte.

Si pudieras intercambiar lugares con un personaje de ficción por un día, ¿quién sería?
Lobezno, él me da la capacidad de regeneración y yo le dejo la cámara.

Si te propusieran ir al espacio, ¿irías?
Hace unos años me apunté al proceso de selección para un viaje espacial en el que viajarán civiles junto a astronautas.

¿Cuál es el peor error de novato que has cometido y cómo lo solucionaste?
No preguntar cómo se resuelve un trabajo que no sabía resolver. No lo solucioné, metí la pata hasta al fondo en tres ocasiones.

¿Tienes algún ritual antes de salir de viaje?
Nunca he subido a un avión sin tocarlo antes por fuera.

¿Qué canción cantarías en un karaoke si tuvieras que hacerlo ahora mismo?
Alguna de las que me obliga a escuchar mi sobrina de cinco años.

¿Cuál es tu libro favorito de la infancia?
Las mil y una noches, me lo leía mi madre.

¿Qué palabra o frase usas demasiado?
«No hay plata».

¿Qué película o serie de televisión podrías ver una y otra vez sin aburrirte?
Diarios de motocicleta.

Si fueras un meme, ¿cómo te describirías en una sola imagen?
Una cámara cayéndose al mar.

Santi Palacios (Madrid, 1985) es fotoperiodista, director de *Sonda Internacional* y embajador de Canon Europa. Su carrera se centra en temas vinculados a migraciones, conflictos y ecología humana, intereses derivados de su formación como sociólogo. Su trabajo ha sido publicado en las principales revistas y periódicos a nivel global, ha sido exhibido en decenas de ciudades y ha recibido numerosos premios nacionales e internacionales, incluidos un World Press Photo, el Premio Ortega y Gasset, el Premio Luis Valtueña de Fotografía Humanitaria o el Premio Nacional de Fotoperiodismo en dos años consecutivos, entre muchos otros.

En 2016 formó parte del equipo nominado por Associated Press al Premio Pulitzer en Breaking News Photography. En 2018 fue seleccionado como uno de los seis talentos de Europa por la fundación World Press Photo y en 2023 fue miembro del jurado del Premio World Press Photo. Además de su labor en *Sonda Internacional*, un medio de comunicación sin ánimo de lucro especializado en periodismo visual sobre la crisis climática, Santi es colaborador habitual de la revista *5W* y la oenegé Open Arms. También imparte conferencias y *master classes* de forma habitual. Es profesor invitado en la Facultad de Comunicación y Relaciones Internacionales Blanquerna - Universidad Ramon Llull, entre otras, y fue profesor invitado en la Escuela Internacional de Fotografía EFTI desde 2016 hasta el cierre de la misma en 2024. En 2019 recibió una beca Leonardo dirigida a investigadores y creadores culturales. En 2020 impulsó el proyecto Archivo Covid en España.

Fue colaborador habitual de la agencia Associated Press entre 2014 y 2018, y también ha colaborado puntualmente con otros medios, incluidos *The New York Times*, *TIME Magazine*, *CNN* o *El País*. Su trabajo se desarrolla en el terreno internacional, lo que le ha llevado a realizar reportajes y cubrir emergencias en decenas de países. Entre sus trabajos más destacados se encuentran el proyecto *On the Edge*, un recorrido visual por las principales rutas migratorias que conectan África y Oriente Próximo con Europa a través del mar Mediterráneo, que comenzó en 2013; *Soledades mayores*, la cobertura que realizó en 2020 sobre el impacto de la covid-19 en las residencias de ancianos de Cataluña durante los primeros meses de la pandemia; y *The Bucha Massacre*, un trabajo realizado sobre la matanza perpetrada en Bucha a manos de las tropas rusas en 2022. También la cobertura de temas vinculados a la ecología humana y a la crisis climática que desde hace varios años realiza a través de *Sonda Internacional*.

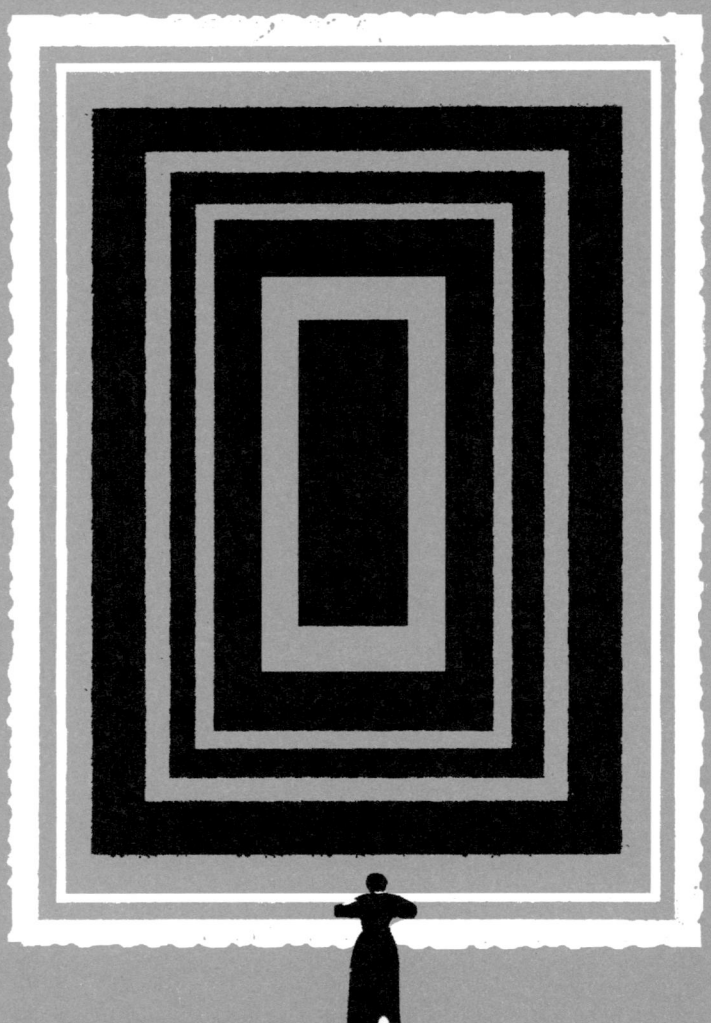

Los límites de la fotografía. Una reflexión sobre la fotografía como herramienta para contar el mundo. La estética de las imágenes y la historia que cuentan. Cambiar la mirada: de las víctimas a las estructuras de poder.

What.

P.: ¿Te gusta la fotografía?

A.: [Ríe]. Tengo una relación de amor-odio con la fotografía por las limitaciones que tiene. La fotografía es una herramienta para contar las historias que quiero contar, pero solo eso: una herramienta más, no *la única* herramienta. Veníamos de un momento en el que parecía que si escogías ser fotógrafa, no podías ser escritora o editora. Ahora siento que tenemos más libertad a la hora de usar diferentes herramientas, aunque esta libertad también implique un gran trabajo extra, como tener que autoproducir, autoeditar o distribuir tus propios formatos. Estamos inmersas en ese hipercapitalismo individualista en el que tienes que hacértelo todo tú. Parte de mi relación con la fotografía se ha basado en desromantizar su uso para contar el tipo de historias que cuento yo. No puedo amarla ciegamente porque tengo que ser objetiva con lo que significa y con su poder.

P.: Tu trabajo, dices, es desromantizar su uso. O sea, que le das tanta importancia como para…

A.: Sí. Ese uso hiperromántico que muestra el dolor de un tipo de víctimas ha sido extremadamente problemático. Yo también he sido parte de ello. Hemos hecho un flaco favor a cómo representamos con la fotografía según qué situaciones de supervivencia, o de personas que han sufrido traumas. Por eso alejarme del uso romántico de la fotografía era absolutamente necesario para hacer las cosas de otra manera… ¿Tú eres un romántico de la fotografía?

P.: [Suspira]. No sé si lo soy. Tal vez. Es una pasión, pero ni siquiera sé si soy fotógrafo. Siempre me he sentido más cómodo con el término fotoperiodista.

A.: Y ¿alguna vez te has sentido cómodo como sociólogo?

P.: Estudié Sociología, pero no la ejercí. Hace poco me invitaron a dar una charla en la Facultad de Sociología de Alicante y al principio les dije que me daba vergüenza. Como periodista me encanta sacar pecho diciendo que estudié Sociología, porque creo que es una gran ayuda para ejercer mi trabajo, pero al verme rodeado de sociólogos, me hago pequeñito y pienso que es mejor callar. Al final di la charla y fue una de las cosas más bonitas que me pasaron este año: al terminar me dijeron que lo que hago es sociología. A mi manera, claro.

A.: Totalmente.

P.: Quizá no tanto por las fotos en sí como por el análisis que viene detrás.

A.: Me pasa algo parecido. Hay gente que me dice que

hago un trabajo antropológico. Entonces pienso que quizá lo estoy haciendo bien… Yo sí que estudié Periodismo, pero nunca llegué a ejercerlo, o lo ejercí en una revista que era la menos periodística del mundo, *Colors Magazine*. A veces me siento fuera del agua con todas las etiquetas. Pero para mí es interesante lo que hay más allá de la fotografía como medio; porque la fotografía, insisto, es la herramienta, no el debate. Si el debate es alrededor solo de la fotografía, acaba siendo demasiado superficial.

P.: Yo no me siento con ningún talento especial a la hora de fotografiar. Nunca he llevado bien que me digan qué fotografiar. Necesito sentir visceralmente lo que hago. Al terminar la carrera de Sociología tomé la decisión de dedicarme al periodismo, y mi gran dilema era si hacerlo a través del texto o de la fotografía. Acabé apostando por la fotografía, pero siempre dentro del periodismo. Me siento perdido en la fotografía fuera de él. Me encanta y la consumo, pero ahí soy un mero espectador.

A.: Todo el mundo piensa que investigo porque estudié Periodismo, pero a mí en la carrera no se me enseñó a investigar. Cuando era pequeña, me pasaba horas en la biblioteca o yendo a agencias de viajes, donde recolectaba catálogos y hacía álbumes con los recortes. Soy curiosa por naturaleza y lo he convertido en mi profesión. En la carrera también sufría mucho con la escritura. La forma en la que se escribe periodismo también tiene limitaciones, como la fotografía.

Tampoco me salía de forma natural hacer fotos. Y que no se me diese particularmente bien escribir o hacer fotos fue muy importante. Cuando se da demasiado bien la parte estética de lo que hacemos, se puede caer en una especie de intoxicación de belleza o en el efectismo. Al menos al principio. Quizá tú eres muy buen fotoperiodista porque no te sientes tan fotógrafo.

P.: [Ríe].

A.: ¡Entiéndeme! El «hiperojo» te puede hacer ganar muchos premios muy rápido, pero a veces te distrae de lo más importante.

P.: Una de las cosas que nos falla es que nuestra profesión es menos sofisticada de lo que debería. En el recién desaparecido Centro Internacional de Fotografía y Cine (EFTI), donde daba clases, veía a algunos alumnos que, sin venir del periodismo, tampoco se habían planteado que al formarse en esa dirección se estaban convirtiendo en periodistas. Cuando empiecen a publicar su trabajo en medios de comunicación estarán ejerciendo el periodismo; su trabajo será percibido como periodismo, y eso tiene muchas implicaciones que se deben conocer. No te estás convirtiendo en fotógrafo, sino en fotoperiodista, es decir, en periodista. Nunca he estado cómodo en el ámbito meramente estético, porque me siento muy periodista y muy poco fotógrafo. Es cierto que a veces me encanta dejarme llevar, disfrutar precisamente de eso, del acto fotográfico. Son momentos maravillosos en los que todo fluye, todo funciona: la luz, la intensidad de las acciones que estás presenciando y tu capacidad para capturar de la mejor manera aquello que sucede ante tus ojos. Son ocasiones poco frecuentes, porque se tienen que alinear muchos planetas para que sucedan, pero son esos momentos en los que consigo no pensar en nada más, la concentración es absoluta, nada me distrae. Tal vez sean los momentos más maravillosos fotográficamente hablando, pero mi trabajo no consiste solo en eso. Se trata de contar una historia, de explicarla, de comprobar y confirmar aquello que estás contando, y eso va mucho más allá del acto fotográfico.

A.: Nadie se plantea ser escritor como un rol al que no se le vincule ningún tipo de género. ¿Qué escribes? Poesía, narrativa, periodismo, textos académicos… Con la fotografía tenemos la tendencia a meterlo todo en el mismo saco. Yo no tengo mucho que hablar con alguien que hace fotografía publicitaria. Me siento mucho más cercana a un investigador forense o un antropólogo… Tengo la sensación de que hablas como si en lo que haces no hubiera un elemento estético. Pero en el momento en que hay una imagen, hay decisiones estéticas detrás. ¿Bajo qué normas te riges tú? ¿Hasta dónde te dejas llevar artísticamente? ¿Hasta dónde es una decisión fotoperiodística?

P.: Lo que me resulta más difícil de responder es hasta dónde es fotoperiodismo y hasta dónde no, empezando por las limitaciones que atribuimos al fotoperiodismo. ¿Quién las pone? ¿Quién las decide? ¿Dónde nos ubicamos? Eso me parece complejo. Sobre el elemento estético, es cierto que en lo que hago hay esa contradicción, una más. En 2016, en el Festival Gabo, me tocó estar en el escenario con los otros dos finalistas de la categoría de Imagen. El miembro del jurado que nos entrevistó solo me hizo preguntas sobre la estética de mi trabajo, y yo no sabía muy bien qué responder. El elemento estético tiene que estar, pero si eso es lo único que se capta al ver las imágenes, si ese es el debate que generan, entonces he fracasado, porque no era mi objetivo darle tanta relevancia. Al principio yo era un fotógrafo terrible, pero no me importaba demasiado. Cuando salté desde la sociología al periodismo quería trabajar sobre los temas y lugares que a mí me interesaban. No me importaba tanto la estética, sino la historia que debía contar. Luego hice un clic: la fotografía era el lenguaje que había decidido utilizar, así que tenía que potenciarlo, mejorarlo y manejarlo, tenía que saber transmitir sensaciones e información a través de ese lenguaje. Fue entonces cuando empecé a dar más importancia a los elementos formales, pero sin olvidarme de que estaba haciendo fotoperiodismo y no fotografía.

A.: Pero que hay una parte estética es innegable, porque es una imagen. Y no solo eso: en toda decisión hay un elemento de posicionamiento y de política de la representación del otro. No es lo mismo fotografiar a un niño migrante saltando una valla desde abajo que desde arriba, con un tipo de luz que con otro, desde un lado que desde otro… Hay una parte narrativa de lo que está sucediendo, pero también hay otra parte de cómo lo representas ideológicamente y cómo llegará esa información a nuestro cerebro. Si hago una foto de una mujer que ha abortado y la muestro de espaldas, de lejos o mirando a la ventana con colores hiperrománticos; o si la fotografío mirándome a la cara de frente, de tú a tú, a la altura de los ojos, la estoy representando de forma que la audiencia se emocionará, pensará o encasillará a esa persona de diferente manera. En tu lenguaje, que es un lenguaje que viene del fotoperiodismo, hay mil decisiones detrás, sean mejores o peores. Insisto con la pregunta, porque me interesa de verdad: ¿Alguna vez te cortas y dices no, eso es demasiado?

P.: Sí, muchas veces me he cortado y muchas otras he publicado fotografías que tal vez no volvería a publicar o no publicaría de la misma manera. Porque esa es otra: una cosa es cómo fotografiamos y otra es la forma en la que esas fotografías llegan al público. Mira los ejemplos de Melilla, de la llegada de pateras a las islas griegas o de los rescates en el Mediterráneo central. Esas imágenes, según cómo se publiquen, pueden transmitir una sensación de avalancha aunque quienes las hicimos no lo pretendiéramos, y de la que se aprovechan ciertas líneas editoriales. Me preocupa más esa sobredimensión que el aspecto estético. Dos mil personas entrando a lo largo de un año a través de la valla de Melilla, por ejemplo, es un número muy poco relevante para un continente como el europeo. Pero en 2014 los saltos a la valla de Melilla estuvieron en la portada del *New York Times* en tres o cuatro ocasiones a lo largo del año. ¿Merecía la pena? Esa parte que tiene que ver más con el relato que con la estética me importa tanto que a veces...

A.: Para mí cae en el territorio de la estética.

P.: ¿Ah, sí?

A.: Sí, porque son decisiones formales. Hay una parte narrativa, por supuesto, pero cuando digo estética me refiero a todos los componentes. A veces usamos la palabra estética pensando solo en componentes exagerados o efectistas, pero la estética engloba todo. Todas las decisiones que hay detrás tienen una consecuencia y, a veces, mal que te pese, hay que tomarlas. Mi pregunta, o mi comentario, es que quizá lo que hay que hacer es parar y pensar en quién ha decidido esos elementos estéticos y narrativos, y sobre todo con qué intención. En mi trabajo busco mucho el origen y el razonamiento detrás de muchas decisiones que nos afectan hoy en día... Mira el cálculo del índice de masa corporal: no lo creó un médico, sino un matemático belga en 1830 y solo se testeó en hombres blancos europeos. Y, aun así, seguimos pensando que nos puede servir a todas y en todo el mundo.

P.: O como el cinturón de seguridad, ¿no? Creado por y para hombres...

A.: Eso ya es atroz, porque literalmente mata a gente... Hay muchas decisiones que hemos tomado que tienen que ver con las limitaciones tecnológicas, pero hemos asumido que esa es la forma de hacer las cosas. Hace falta una reflexión sobre su origen, aunque luego decidamos seguir usándolas. ¿Por qué hemos decidido que hacer esta foto de esta forma es información y hacerla de esta otra forma no lo es?

P.: Siempre me he considerado del ala estricta, la que dice que hay que respetar ciertas normas dentro del fotoperiodismo. Pero hay aspectos a los que nunca he dado demasiada relevancia, como esos debates sobre qué es mucho y qué es poco en cuanto a saturación de color o contraste. En cambio, sí me preocupa la forma de representación, la forma en la que publicamos y la forma en que llega todo eso al público. Me gustaría saber cómo resuelves tú eso, porque tienes una forma de trabajar muy distinta, a través de exposiciones y libros. Mi miedo siempre ha sido que nuestro trabajo queda filtrado por el medio de comunicación que lo publica, y ahí pueden fallar las cosas. Por ejemplo, cuando colaboraba con agencias de noticias perdía el control sobre la distribución de mi trabajo, y a veces acababa sucediendo lo contrario de lo que yo pretendía.

A.: Yo me moví al mundo del arte porque me pareció problemática la forma en la que me decían que tenía que fotografiar las historias que yo quería fotografiar. Por eso y porque las historias que quería contar en ese momento no se estaban contando. Cuando iba a hablar con editores de revistas, me decían que probara «en revistas de mujeres», que aquello eran «*soft news*». Haciendo balance, en el mundo del arte se me han censurado menos historias que en prensa. Al menos, se me ha descontextualizado menos. Me di cuenta de que ahí había un espacio en el que se me daba libertad para contar historias de la forma en que yo sentía que se podían contar. Para mí lo importante es la metodología detrás de quien produce el proyecto. En mi caso, siendo honesta y haciendo *fact-checking*, siento que lo puedo llevar a otro ámbito en el que se me da más libertad. Y tú, cómo público, tienes que fiarte de mí —algo que al final también hacemos con la prensa—. En paralelo, decido también reflexionar sobre cómo hemos contado las historias, cómo se han representado y qué sucede cuando cambias el foco. A menudo retraumatizamos a las víctimas, usando su cuerpo físico como evidencia de un crimen. En vez de poner la atención en el criminal, la ponemos solo en la víctima. Cuando empecé el proyecto *On Rape*, me pregunté: ¿Y si muevo el foco de la víctima a las instituciones? ¿Por qué hay que mostrar a la víctima para contar una historia de violencia? Porque es más fácil y lo hemos hecho toda la vida. Pero lo que hemos hecho, además, es presionar a las víctimas y llevarlas a una posición pública y de vulnerabilidad. De eso ha pecado mucho el periodismo, de obligarlas a tener que defender la verdad a través de sus cuerpos.

P.: ¿Y tú ahora estás contenta con la forma en la que trabajas? ¿Tienes la sensación de que funciona?

A.: No pienso que la forma en la que trabajo sea la única o

la mejor, ni que funcione por encima de las demás. Pero parte de mi ejercicio es mover la conversación hacia otros lugares. Es un proceso de aprendizaje. Por ejemplo, hay fotos que hice hace años que quizá no se sostendrían bajo mi pensamiento actual. También porque los discursos de representación están cambiando a una velocidad trepidante. Tenemos toda una generación nueva con unos pensamientos muy diferentes a los que teníamos nosotros. Es impactante lo rápido que se mueve. Te abre nuevas perspectivas, y una se da cuenta de que decisiones que pensabas que estaban bien quizá ya no lo están tanto. Intento que mi metodología sea muy orgánica, que esté en constante revisión. Cuando doy clase hablo constantemente de mis fallos y de la evolución de estos.

P.: Pero, con todo, ¿tienes la sensación de que lo que haces funciona? ¿Logras generar reflexión?

A.: Lo que quiero hacer es muy pequeño y específico. Por ejemplo, quitar el foco de las víctimas durante un tiempo, darles un respiro y pensar en las estructuras de poder. Quizá ese objetivo lo esté consiguiendo, sí. Sin embargo, mi audiencia es más pequeña que la tuya y mis objetivos también. Tu objetivo es mucho más amplio e implica un lenguaje mucho más universal, por decirlo de alguna forma. Porque universal no es, aunque en nuestra sociedad occidental sí.

P.: Permíteme ser un poco optimista, porque a veces me da la sensación de que todo está mal y eso me asusta. Hay cosas que quizá no estamos haciendo tan mal. Yo defiendo que lo que hacemos, cada uno a nuestra manera, sí funciona. Recuerdo hace muchos años que, en una entrevista de radio, mientras estaba trabajando en el terreno, me preguntaron por qué seguía fotografiando las migraciones, las fronteras, los conflictos… «Eso ya lo hacía Sebastião Salgado hace 30 o 40 años». Me quedé alucinado con la pregunta…

A.: Vaya comentario…

P.: Yo no estoy aquí para entretener al personal, no estoy aquí para hacer cosas nuevas; estoy aquí para contar algo que está sucediendo y hacerlo de la mejor manera posible. Si sigue sucediendo durante cien años más, tendremos que seguir contándolo cien años más. Y luego está la pregunta eterna de si funciona lo que hacemos. Creo que muchas veces nos enredamos en ella. Siempre habrá muchas cosas que no funcionen, en las que deberemos evolucionar y mejorar, pero mi conclusión final es que, en líneas generales, sí: como colectivo, lo que hacemos funciona, o al menos cumple una función importante. Si nos olvidamos de los grandes fuegos artificiales —esa idea de perseguir grandes cambios en poco tiempo— y tenemos objetivos humildes, sí se puede advertir que esto está funcionando. Un ejemplo actual: hay una cantidad insólita de periodistas cubriendo la guerra en Ucrania, y la eterna pregunta nos llevaría a plantearnos para qué hacerlo, si nada cambia y Rusia no cesa en su agresión. Pero para valorar los resultados del trabajo que se hace allí mi pregunta sería a la inversa: ¿Qué pasaría si no hubiéramos visto lo que sucede en Ucrania? ¿El apoyo de la comunidad internacional sería el mismo? ¿La población de la Unión Europea se habría volcado de la misma manera con Ucrania? Como individuo no tienes ninguna relevancia, pero en una época en la que parece que hay que ver para creer, como colectivo, y cada uno a su manera, sí la tenemos.

A.: Viniendo del periodismo, donde todavía se me vendía la idea de que la fotografía salvaba el mundo y cambiaba guerras, fue también muy importante aprender a controlar el ego. Recuerdo uno de los primeros proyectos que publiqué cuando todavía hacía documentalismo, en *D la Repubblica* y *The Sunday Times*, sobre una chica que sufría bulimia. Yo pensaba que aquello iba salvar a todas las chicas con bulimia del mundo, pero obviamente no cambió absolutamente nada. Fue un momento de aprendizaje muy importante. Pero te doy la razón. A veces uso un discurso de humildad extrema para mantener los pies en la tierra, pero sí que creo que lo que hago es importante. Si no creyera que de alguna forma estoy ayudando a generar un cambio, no lo haría. ¿Tú crees que me pasaría cinco años de mi vida leyendo alertas de Google diariamente sobre violaciones en el mundo, pudiendo irme de vacaciones a Formentera? También te digo que, al mismo tiempo, soy una persona extremadamente positiva. Es la única forma de hacerlo.

P.: Si no, no lo seguirías haciendo…

A.: No nos dedicaríamos a esto. Pero como hablo mucho a

estudiantes tengo un discurso más duro, porque creo que es importante no inflarse. El ego se te puede ir de las manos... y más en el mundo del arte. Yo no hago periodismo ni soy fotógrafa documental. En el mundo del arte me dicen que hago activismo, pero tampoco es eso lo que hago. Yo soy artista y lo hago por mí. Yo no trabajo para una agenda colectiva, ni lo hago altruistamente para los demás. Hay un elemento político, sí. Entonces, como yo lo hago para mí y desde mí, es importante rebajar el ego constantemente. Por eso mi discurso puede sonar un poco más duro, pero también creo que soy muy optimista. Incluso naíf [ríe].

P.: Te entiendo. Yo también soy optimista. Le doy importancia a esto de olvidarnos de los fuegos artificiales porque creo que se suele analizar el valor de lo que hacemos de forma simple. Al hablar de la cobertura de emergencias y conflictos se suele aplicar una lógica de reduccionismo. Algo así como: se está contando el problema y aun así no se soluciona, *ergo* contarlo no sirve de nada. Pero no es así. La acumulación de pequeños cambios o logros que puede generar el periodismo en general, y el periodismo visual en particular, es enorme. Y muchos de ellos —a decir verdad, la mayoría— son intangibles, como puede ser la generación de pensamiento crítico, la influencia sobre las minorías activas o el mantener una problemática de forma visible en el debate público.

A.: Tú recibes muy poco *feedback* del público, ¿no? Más allá de las redes, tú hablas a un público tan amplio que igual no te escribe alguien diciendo que ha visto tu foto en el periódico...

P.: Qué va, sí que recibo *feedback*.

A.: Me refería más a algo físico, en persona. Cuando hago una exposición y en la inauguración igual hay centenares de personas, me llega una cantidad de información enorme de golpe.

P.: Las exposiciones en las que yo participo no tienen nada que ver con las tuyas, son más pequeñas y normalmente colectivas —de hecho, creo que nunca he hecho una exposición seria en solitario—. Pero participo en muchas y ahí recibo bastante *feedback* en persona. Por suerte, también tengo la oportunidad de dar muchas conferencias en las que enseño mi trabajo, y la interacción con el público es lo mejor de ellas. Y luego están las redes sociales, que lo cambiaron todo: la cantidad de respuestas, mensajes, *e-mails* que se reciben en reacción al trabajo publicado es impresionante. Eso te permite hacer un dibujo del impacto que tienen las imágenes.

A.: Eso es fantástico, sí. Yo tengo una foto de una monja viendo mi exposición de *On Abortion* en Eslovenia que he enseñado cientos de veces. Estábamos preocupados con la reacción que podía suscitar la exposición, porque era en una galería del centro de Liubliana y el país estaba en plena campaña electoral, con un movimiento antiaborto muy intenso. La inauguración fue muy bien y, al cabo de unas semanas, llegó una monja y se puso a leer, a mirar, a escuchar las instalaciones de audio. Se le pidió si se le podía hacer una foto. Dijo que sí. Es muy interesante que accediese a ser fotografiada vestida con el uniforme que representa a la Iglesia católica, y en ese contexto. ¿Tú sabes la cantidad de veces que esa foto me ha motivado a seguir adelante? Ya no tanto por el efecto que puede tener, porque esta señora vete tú a saber, puede que ya fuese la mayor proabortista del mundo, o no. Pero el hecho de que ella se sintiese cómoda en ese contexto, leyendo… ¿Si creo que mi forma de hacer las cosas está funcionando? No lo sé. Pero pienso que si una monja se ha sentido cómoda en una exposición sobre el aborto en esas circunstancias en Liubliana, quizá algo habré hecho bien.

P.: Tu forma de trabajar es fascinante, y tengo la sensación de que logras hacer cosas que yo no me puedo ni plantear. Mi forma de trabajar es muy clásica, porque me gusta hacerlo de esa manera, pero claro, al mismo tiempo encuentro muchas limitaciones. Hay una gran diferencia entre los temas que me gustaría abordar, los temas en los que creo que puedo aportar algo que merezca la pena y lo que finalmente hago. Porque también hay que tener en cuenta las posibilidades de acceso a las historias y la enorme limitación de recursos para producirlas.

A.: Si tuvieses todos los recursos del mundo y la mejor plataforma, ¿qué historia harías?

P.: Mi obsesión actual es la crisis climática. Junto con un grupo de compañeros y compañeras he fundado *Sonda*

Internacional, un medio de comunicación, sin ánimo de lucro, especializado en periodismo visual sobre la crisis climática. ¿Por qué? Hay muchos motivos. El principal es que creo que hay margen de maniobra para contar en imágenes las causas y consecuencias de la crisis climática. Es un tema muy vinculado al conocimiento científico, recibimos mucha información de expertos y expertas que están haciendo muy buen trabajo y que nos dicen que la situación es un desastre. Pero luego, al ser procesos graduales, resulta difícil ver esa gravedad en imágenes. Me refiero a verla, literalmente. A excepción de en las catástrofes —los grandes incendios, las grandes inundaciones…—, que es cuando prestamos un poco de atención. Tengo mucha curiosidad por explorar esas causas, que son estructurales. Ahí no hay fuegos artificiales, el trabajo es muy de fondo. En cuanto a las consecuencias, se hace difícil abordarlas porque en muchos casos son sucesos impredecibles. No se sabe dónde van a ocurrir y, cuando ocurren, el acceso suele ser complicado e implica grandes recursos logísticos. Si ahora mismo me das todos los recursos, yo creo que me pasaría los próximos meses con el agua hasta el cuello: trabajaría sobre nuestra relación con el agua, su exceso y su carencia, inundaciones y sequías; viajaría para contar las principales causas y consecuencias, cuál es su papel en migraciones y conflictos y cómo afecta a la vida de las poblaciones que se encuentran en lugares especialmente vulnerables.

A.: La reacción que mucha gente tiene ante este tipo de

imágenes y de información en general es de bloqueo. Te entra pánico y tu cerebro no quiere pensar en eso. Para tranquilizarte o pseudotranquilizarte intentas no pensar en ello. Porque si estás todo el día pensándolo… La ecoansiedad que tiene la gente joven es brutal. Tienes esa sensación de que se acaba el mundo. ¿Crees que realmente se puede superar el tipo de emoción que suele generar el tema?

P.: Ahí hay dos capas que a mí me parecen muy interesantes. Una: nos tenemos que olvidar, de nuevo, de los fuegos artificiales, porque para contar bien fenómenos tan complejos, tan pegados al conocimiento científico, a la fuerza acabas haciendo muchas veces temas que son un ladrillo, que están hechos casi para expertos en la materia. No quiero publicar trabajos para expertos. Primero, porque no lo soy. Y tampoco busco un público solo de expertos.

A.: Y ellos ya saben del tema.

P.: Ya saben, efectivamente. Igual les interesa porque les permite conocer un aspecto del que a lo mejor no tenían tanta información, o por ver en imágenes aquello de lo que tanto saben, pero no es el objetivo. Al mismo tiempo, hay que tener cuidado de no simplificar demasiado, porque entonces no estás contando la complejidad del tema y el trabajo ya no es lo suficientemente relevante. Lo interesante, y lo que supone un gran reto, es buscar un punto de equilibrio entre conocimiento científico y periodismo visual. Y dos: debemos escapar del catastrofismo, sin maquillar la gravedad de las problemáticas. ¿Qué podemos hacer para cambiar las cosas? En *Sonda* planteamos prestar atención al periodismo de soluciones, que creo que a veces se malinterpreta como si se tratara de proponer soluciones, cuando de lo que se trata es de dar más cobertura a las cosas que sí funcionan. Nos centramos siempre en lo malo, en lo que no funciona: en la crisis, en la catástrofe, en la víctima… Tiene lógica que lo hagamos, pero hay cosas que funcionan y hay que visibilizarlas para que se conozcan. Hay científicos, universidades, organizaciones, equipos de investigación desarrollando proyectos que pueden aportar soluciones a problemáticas concretas, y creo que debemos prestarles atención.

A.: Y gente joven con invenciones increíbles. Yo cuando veo esas noticias… Hicimos un número de *Colors* sobre la felicidad, y había varias de estas teorías que mostraban cómo realmente la esperanza de una solución puede provocar más movilización e impacto que el constante mal augurio o fracaso. ¿Vosotros hacéis historias de este tipo?

P.: Hemos tomado la decisión de hacerlas, sí. Siguiendo unos parámetros: buscamos proyectos que funcionen y que, a ser posible, sean replicables y escalables. Y que estén realizados por instituciones públicas, universidades, organizaciones sin ánimo de lucro o individuos a título personal. Esto último para evitar dar cobertura a iniciativas comerciales y que el trabajo acabe siendo un publirreportaje, aunque seguro que hay excepciones en las que puede merecer la pena incluir también proyectos del ámbito privado. Ahora estoy empezando a desarrollar un proyecto sobre cómo la contaminación y la falta de agua en el altiplano boliviano influyen en las migraciones por causas ambientales. No es una situación que reciba mucha cobertura, pero no deja de ser desastrosa. Algo que no hacía antes y ahora sí es investigar si se está haciendo algo que funcione, buscar a personas que estén peleando para aplicar proyectos que mejoren la situación.

A.: Me gusta mucho lo que dices. ¿Conoces el proyecto *Monsanto*, de Mathieu Asselin?

P.: No.

A.: Ha hecho un proyecto, un libro y una exposición que han dado la vuelta al mundo. La historia de Monsanto [empresa de agroquímicos acusada de haber causado graves daños a la salud pública y el medioambiente], las consecuencias... Hay fotos de víctimas, muy pocas, pero siempre desde un punto de vista muy particular y muy centrado en los responsables. Quizá te interesaría echar un vistazo o incluso hablar con Asselin.

P.: Pues sí. A la hora de hacer estos proyectos me enfrento a muchos dilemas.

A.: Colegas como Mathieu, Salvatore Vitale, Max Pinckers o la gente que tenemos metodologías similares estamos muy implicados en nuestras temáticas, más allá del purismo del formato. Es algo curioso en un ámbito artístico, donde a veces se espera que el formato sea más importante que la narrativa.

Estamos entre dos aguas. Dar conferencias, enseñar… Todo lo que hago alrededor de las exposiciones y los libros es una excusa para hablar de los temas sobre los que yo quiero hablar. Cuando estoy en una conferencia frente a un público que siento que no está alineado con lo que digo, me incomoda mucho. Y pienso: Laia, tienes una hora para hablar sobre el aborto a alguien que, de otra forma, jamás se expondría a esta información. Aprovecha. Eso es algo que adoro de las exposiciones. Porque un libro de fotografía es un objeto muy elitista al que poca gente tiene acceso, y te lo sueles comprar si te gusta el tema. Pero a mí me encanta la gente que acaba en mis exposiciones sin querer. Además, los localizo clarísimamente [ríe]. Para mí la fotografía tiene mucho que ver con hablar. De hecho, yo hablo más que hago fotos. No un poco más, sino mucho más. Utilizo todo eso para tener la excusa de hablar de lo que a mí me parece importante. Es muy similar a lo que haces tú. Más de lo que parece.

P.: Sí, te iba a decir que a mí me pasa lo mismo. No tengo mucho que ver con la figura del fotógrafo introvertido… No soy yo. Tampoco soy un exhibicionista, pero no soy tímido. Siempre he hecho mucho uso de la palabra, incluso hoy comparto mi trabajo mucho más a través de conferencias que de publicaciones. Y me funciona. Me encanta ver la reacción de la gente, disponer de una o dos horas para tratar de remover algo y generar debate. Lo aprovecho todo lo posible. A mí me fallan las exposiciones, es un mundo en el que no me he metido todavía y en el que me siento muy perdido. Sí que he tenido alguna buena experiencia en esas pequeñas exposiciones en las que participo. En la exposición de World Press Photo en el Centre de Cultura Contemporània (CCCB), el año en que me dieron un premio, me gustaba quedarme cerca de mi foto colgada en la pared. Como la gente no sabía quién era yo, me quedaba callado, al lado, escuchando las conversaciones que tenían los visitantes al mirar la imagen.

[Ríen].

P.: Es uno de esos momentos en los que pienso que lo que hago funciona. Fue un privilegio maravilloso escuchar los debates que se generaban en torno a esas imágenes.

A.: Esto es muy interesante. Normalmente leer un libro o un periódico es una acción individual. Estar en una exposición es una actividad pública. La forma en la que tu cerebro registra la información es muy diferente cuando estás en un entorno público o en uno privado, y sobre todo cuando estás usando el espacio, que es un aspecto clave del mundo del arte. Ese elemento de debate que puede surgir en una exposición también puede surgir en una casa, en una situación familiar, cuando se abre un periódico o una web, pero suele ser más individualista. Estas reflexiones son algo que practico mucho para entender el concepto de espacio y de relación con el público. Para ello hago algo que los museos odian: primero la exposición y luego el libro, pese a que normalmente se hace al revés. Necesito ver lo que la gente mira y cómo reacciona para entender qué he hecho. Porque una cosa es lo que tú crees que vas a hacer o crees que has hecho, y otra cosa es lo que realmente has hecho.

P.: ¿Eso influye luego en la producción y en la edición del libro?

A.: Claro. Cuando voy a hacer el libro, he entendido y registrado virtudes y problemas, y tengo tiempo para cambiarlo, porque la exposición es más efímera y un libro es más permanente. Observar a la gente viendo mis fotos en las exposiciones es una de las cosas más increíbles que me ha pasado jamás en la vida. Sam Stourdzé, el anterior director del festival de fotografía Les Rencontres d'Arles, muy sabio, me dio un consejo: «En tus exposiciones tienes que poner asientos. La gente tiene que respirar y sentarse, porque el contenido es muy duro».

P.: Estoy muy de acuerdo con él. A mí me faltan esos asientos en las exposiciones.

A.: Hice una exposición de *On Rape* en el Foam [museo de fotografía de Amsterdam] en medio de la pandemia. Llegué a la inauguración y a las tres horas cerraron la ciudad. Pero en ese poco rato pasó algo precioso. Pusimos un banco en la sala de la instalación de los vestidos —que contenía imágenes a escala real de uniformes representando las culturas de la violación y testimonios de las victimas/supervivientes—. Una señora, no sé si era sudafricana, estaba mirando una foto del uniforme del equipo de fútbol relacionado con el testimonio de una mujer sudafricana que fue víctima de un *corrective rape*, una forma de violación que se comete contra mujeres lesbianas con el objetivo de «curarlas». Estaba sentada, mirándola. Me fui a una reunión, volví una hora más tarde y seguía sentada mirando la misma foto. Entender que esa persona ha necesitado ese tiempo para gestionar esa pieza es algo que solo puedo interiorizar de esa forma. La cantidad de información y aprendizaje que tiene esa experiencia para mí es brutal. Ahora me cuesta un poco más en las inauguraciones, porque me reconocen algo más, pero antes podía observar sin que la gente supiera... Me pasaba horas mirando a las personas que miraban.

P.: Es algo maravilloso.

A.: Con las exposiciones de *On Abortion* aprendí muchísimo. Me pasé horas observando cómo la gente consumía el contenido. A todos esos comisarios que me dijeron que había mucho texto... La gente lee. Otra cosa es que se lo pongas fácil o difícil. Y otra cosa es que tú menosprecies la capacidad del público. Pero la gente lee. Hay quienes no lo hacen, pero los que leen, leen. Observar cómo la gente consume información, o tu obra, es uno de los privilegios más grandes y más bonitos.

P.: Esa frase que acabas de decir me encanta. La gente lee. Los que leen, leen. Muy bien.

A.: Yo siempre digo que la fotografía se lee. Cuando hablo de mis libros, hablo de «mis lectores». También porque hay muchísimo texto. Pero yo creo que las imágenes se leen. De la misma forma que lees un texto, lees una fotografía. No veo tanta diferencia.

P.: Tengo una anécdota muy bonita y representativa de que lo mejor que podríamos hacer para explicar un tema sería llevar a los lectores y lectoras a los lugares donde trabajamos. Como eso no es posible, pues vamos nosotros y tratamos de contarlo de la mejor manera. Si quienes visitamos tus exposiciones pudiéramos acompañarte en todo tu proceso de producción, en tu proceso creativo, estaríamos tan impactados con el tema como tú. En 2016 estaba en Grecia y me llamó un canal de televisión para venir a hacerme una entrevista. Cuando llegaron los productores, me dijeron: «Santi, hemos cambiado el formato a un *reality*». Claro, a mí me cambió la cara. «No te asustes, ya sabíamos que te ibas a asustar, pero no, no es lo que te imaginas. Déjanos contarte cómo lo hemos planteado». Resulta que habían hecho un *casting* en Madrid para seleccionar a alguien que estuviera en contra de la llegada de personas migrantes a España. Pero no habían buscado a alguien que estuviera en contra por ideología. Habían buscado a una mujer que estaba en el paro, su marido y su hijo también, y que decía: «Yo no le deseo ningún mal a nadie, pero si no hay trabajo y viene más gente, ¿qué hacemos?». El objetivo era llevarla a un campamento de refugiados en Grecia, adonde llegaban miles de personas a través del mar. Querían que yo le enseñara el campo de refugiados. Me quedé un poco descolocado. Me lo dijeron además en el momento, *in situ*, quedaban un par de horas para empezar. Al final accedí. Nunca he visto el resultado, porque nunca miro o leo las entrevistas que me hacen. Pero fue muy curioso, porque yo llevaba mucho tiempo ahí y tenía un montón de amigos: le presenté a familias sirias, afganas, entramos en las tiendas, charlamos, tomamos un té... No sé cuánto tiempo estuve con ella, fue un buen rato, luego me despedí y me fui a comer. Había terminado mi papel. Cuando volví, la vi hablando con un grupo de voluntarios y diciendo algo así como: «¡Tenemos que hacer algo, hay que ayudarles!». Ese sería el ideal: poder llevar a la gente para que vea las cosas con sus propios ojos. Cambiarían muchas opiniones.

A.: Pero no todo lo que cuentas es tan fácil, tan obvio a la vista.

P.: Claro. Pero creo que algo falla en la facilidad con la que se suele decir que las cosas «se cuentan» o «no se cuentan», que «no aparecen», que «no están en los medios»... Me ha pasado muchas veces, pero siempre recuerdo cuando hace unos años, en un aniversario de *eldiario.es*, estábamos en una charla en un cine de Madrid en la que había muchísimo público. Cuando terminamos de hablar los que estábamos sobre el escenario, uno de los asistentes dijo: «Esto que nos estás contando no nos lo cuentan en los medios de comunicación». Yo acababa de hablar de mi trabajo, publicado y republicado en medios de comunicación. La información está, por supuesto que está, pero para conocer bien una problemática compleja hay que hacer una búsqueda activa, dedicarle tiempo. Creo que del mismo modo que debemos exigir calidad al ecosistema de los medios de comunicación, también debemos exigir un poco de esfuerzo a los lectores y lectoras. Hay muchísima información de calidad disponible. Si esperas estar bien informado o informada y conocer bien lo que sucede en el mundo solo con sentarte a ver el informativo de las nueve de la noche, puedes seguir esperando. En media hora no te lo pueden contar todo. Por ejemplo, una de las guerras menos cubiertas de los últimos años, por la dificultad de acceder y la logística que implica, es la de Yemen. Estoy seguro de que si te sientas de forma activa a buscar información sobre Yemen no te la acabas. Los periodistas podemos martirizarnos y flagelarnos, pero también hasta un límite, porque hay una parte que ya escapa a nuestro control. Para saber sobre ciertos temas, y más cuando aumenta su complejidad, hay que tener predisposición y dedicarles tiempo.

A.: Creo que parte del problema es el déficit de atención. Por eso me gusta tanto trabajar en exposiciones.

P.: ¿Crees que es un problema de déficit de atención?

A.: Últimamente no soy capaz de concentrarme en algo más de media hora. Pienso en la gente joven, o en gente nativa digital… Imagínate. Tienen una saturación con la que empatizo mucho. No hay espacios en los que dedicar el tiempo necesario a este tipo de historias. Por eso para mí los espacios físicos son tan importantes. Porque durante una hora estás en un lugar que no es digital, estás ante algo matérico. Te puedes concentrar más o menos, pero el tipo de experiencia va a tener un impacto emocional y cognitivo mucho más profundo que si seguimos haciendo *scroll*, *scroll*, *scroll* y la información va pasando y pasando. A mí no se me quedan las cosas como antes. Creo que nuestra «lucha» más importante es conseguir atención. Es un problema, porque al estar en esa carrera por reclamar ese interés lo intentamos atraer a partir de imágenes que buscan el impacto rápido o que son efectistas, el *clickbait*.

P.: El sábado pasado estuve en una fiesta en la que había muchos periodistas, y hubo un momento en la noche, después de muchas copas, en que el debate era que ya nadie presta atención a nada. Que ya a nadie le interesa nada. No sé si estoy de acuerdo. A lo mejor el problema son las expectativas que tenemos. Ocurren tantas cosas y hay tanta información que uno tampoco puede esperar recibir siempre atención. Forma parte de la lógica y de la naturaleza de lo que hacemos. Sí que tengo la sensación de que poca gente tiene el interés —y el tiempo— necesario para saber mucho de la mayoría de temas. Nos pasa a todos: yo solo presto verdadera atención a lo que me interesa, al resto estoy dispuesto a dedicarle, pues eso, el tiempo que dura un informativo. También tengo la sensación de que decimos con demasiada facilidad que el periodismo ya no funciona como antes. ¿Alguien en 1995 abría un periódico, leía sobre una hambruna en Somalia y acto seguido dejaba su trabajo, cogía un avión y se iba a salvar el mundo? ¿De verdad me estás diciendo que ahora importa menos que antes? No lo creo.

A.: Si realmente para ti es importante que la gente preste atención a una temática que a lo mejor no está siendo la más cubierta, creo que una solución es crear espacios físicos en los que la información esté focalizada en algo. Yo sí me siento saturada. No puedo consumir más información dramática en mi vida. A mí personalmente me ayuda cuando se crean esos espacios. Consumimos una gran cantidad de información diaria de forma muy superficial, y eso hace que no podamos pararnos y centrarnos en un tema… Pero estoy de acuerdo, tampoco hace falta que sea así. No pretendo que todo el mundo esté informado sobre determinados temas. Es completamente absurdo. Hay que asumir que está bien así. Y que va a ser así. Pero sufro de verdad con la forma en la que consumimos información.

What. Los límites de la fotografía

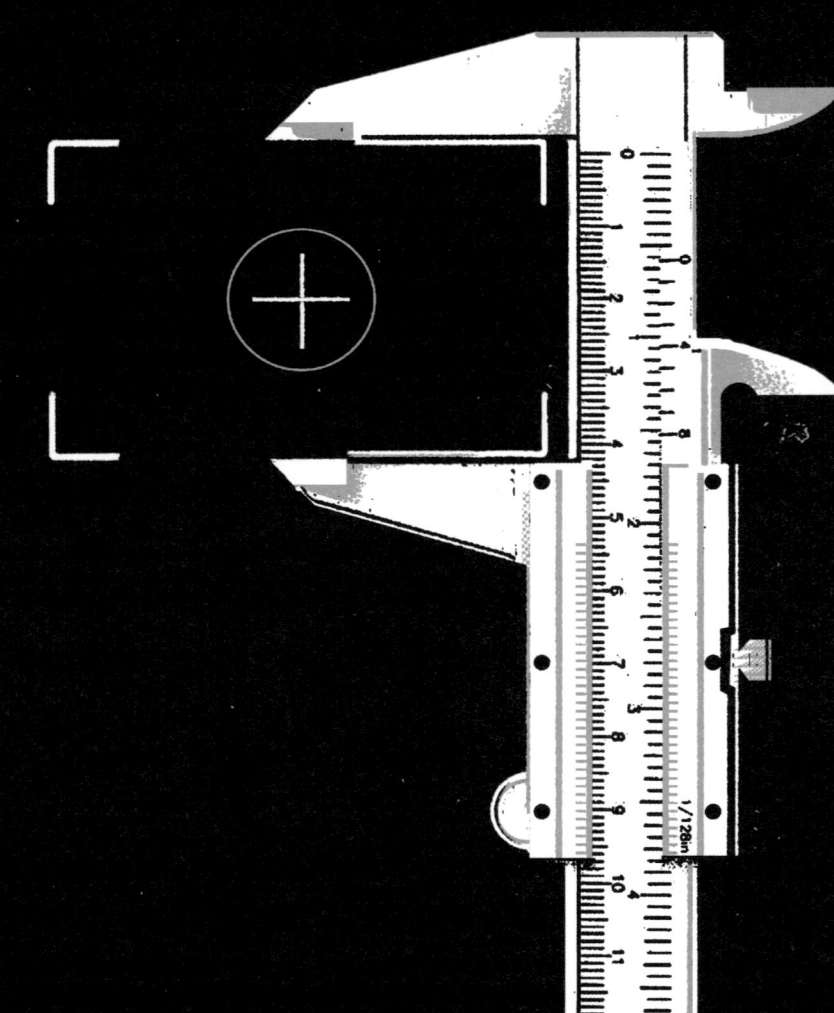

When.

El examen del mundo.
Estar lejos, estar cerca. De
Srebrenica a Treviso. De un
viaje en camión por Europa a
La Paz. Ausencia y presencia
de la primera persona.
Metodologías de trabajo.
Proyectos para contar los
problemas de nuestro tiempo.

P.: ¿Preferirías no volver a salir de este país durante el resto de tu vida o poder dar vueltas por el mundo entero, donde quieras, pero no volver a pisar tu país?

A.: La primera pregunta sería: ¿Qué país?

P.: En el que vives ahora.

A.: ¿Sabes que si me preguntas esto hace una semana habría contestado lo opuesto?

P.: ¿Ah, sí? Y ¿qué habrías contestado, ahora y hace una semana?

A.: Ahora me lo llevo un poco a mi terreno: no te voy a contestar, pero a la vez te voy a contestar.

P.: Vale.

A.: Tengo mucha necesidad de estar fuera siempre. Tengo unas raíces fuertes pero deslocalizadas, porque soy catalana de origen vasco-gallego. Poner esos tres lugares uno detrás del otro implica muchas cosas. Es gente muy arraigada a su tierra y cultura, pero al mismo tiempo muy migrante y que está, como yo, un poco deslocalizada. Yo tenía clarísimo que me quería ir. Como te contaba, de pequeña hacía mis fotolibros de catálogos de viajes, pero mi primer fotolibro consistió en hacer fotos del pueblo de mi abuela, en el valle de Karrantza, una aldea de tres casas y tres vacas, una iglesia, una escuela y un cementerio abandonados. Hice fotos de todo eso, escribí los pies de foto, los empaginé, lo cosí e hice mi primer fotolibro [ríe]. Siempre sentí que quería irme. Con 13 años ya sabía que quería ir a vivir a Nueva York, y fue lo primero que hice al acabar la carrera de Periodismo en Barcelona. Pero con la edad también tiras hacia casa. La familia… Estoy un poco dividida. Ahora mismo, depende de en qué semana me lo preguntes, me voy para un lado o para el otro.

P.: ¿Ahora qué respondes?

A.: Hoy me quedaría antes que no poder volver nunca.

P.: ¿Qué ha cambiado?

A.: [Ríe]. Esa relación amor-odio que tengo con la fotografía también la tengo con otras cosas. Me pasa con Barcelona, me pasa con muchas decisiones vitales, porque hay esa especie de dualidad entre lo interior y lo exterior. Es algo que también veo que está evolucionando en mis proyectos. Antes, aparentemente, no los hacía desde la primera persona, porque el periodismo decía que tú no eras el protagonista de lo que hacías, pero en realidad yo ya escogía las historias pensando en mi biografía, o partes de mi biografía. Luego lo globalicé, porque me parecía que la fotografía estaba demasiado cerca de las víctimas, y decidí dar un paso para intentar entender la parte sistémica. Mi próximo proyecto es sobre la prima de mi abuela y sobre mis ancestras vascas. Estoy en un momento en el que intento volver a casa. ¿Que a eso le salga un resorte y me impulse más afuera todavía? Puede ser.

P.: Puede pasar, claro. Antes de hacer este libro no nos conocíamos, pero me había cruzado contigo, con tu biografía, en un montón de sitios. Conozco tu trabajo. En tu biografía leía: «se fue a Nueva York muy joven». Siempre quise saber por qué. ¿Qué te llevó allí, qué hiciste y cómo te influyó estar allí?

A.: Mi tía, Mili Hernández, es una importante activista LGTBIQ+. De muy joven se fue a Nueva York y a Londres, luego volvió y creó Berkana, la primera librería LGTBIQ+ de España e Hispanoamérica. Pensar en su viaje a Nueva York siempre me fascinó. Luego estaba el elemento cinematográfico. Me obsesionaba la ciudad. Acabé la carrera y me fui. Pasó algo muy curioso. Yo había llevado la prensa de World Press Photo para Photographic Social Vision en 2008, en el CCCB, y allí había conocido a la fotógrafa Lorena Ros cuando le dieron el premio. Cuando estaba buscando piso para irme y compartí un anuncio con Lorena, que vivía en Nueva York, para preguntarle qué le parecía la zona, ¡nos dimos cuenta de que era en su mismo edificio! Acabé siendo su vecina en un edificio donde vivían fotógrafos como Stanley Greene, Christopher Anderson o David Alan Harvey. No soy demasiado mitómana —aparte de excepciones como la artista Nan Goldin [ríe]—, pero fue muy interesante convivir en cierto modo con esos fotógrafos para también desmitificarlos. Era gente normal que iba a hacer la compra y acababa la tarde tomando una cerveza en el bar de enfrente. Estando allí estudié en el International Center of Photography (ICP) los cursos previos al máster y simultáneamente presenté mi candidatura a Fabrica [centro de investigación financiado por el grupo Benetton, con sede en Treviso, Italia], que es donde se hacía la revista *Colors*. Mi obsesión desde hacía años era trabajar ahí. El responsable del Departamento de Fotografía, Enrico Bossan, me dijo que fuera a hacer una prueba, pero no tenía dinero para irme dos semanas a Treviso y volver a Nueva York. Entonces me sugirió que le enseñara lo que estaba haciendo en el curso del ICP como *portfolio*. Empecé a hacer fotos de la comunidad lésbica de Brooklyn [el proyecto *Femme Love*], mientras trabajaba en el New York Photo Festival. Fue una experiencia un tanto caótica, me sentía bastante fuera de lugar, porque mi inglés no era demasiado bueno. Pero también hubo momentos muy dulces, como montar la exposición de Tim Hetherington. Mientras me planteaba hacer el máster en el ICP, me aceptaron en Fabrica. Durante los cinco años que estuve en *Colors* mantuve mucho contacto con Nueva York: iba y venía a menudo.

P.: ¿Esos cinco años fueron en Italia?

A.: Sí. Primero como investigadora y fotógrafa de la revista, luego como editora jefa y finalmente como editora gráfica, fotógrafa e investigadora, porque empecé un contrato que me dejaba espacio para mis proyectos. Después de la etapa en *Colors* volví a Nueva York. Nos ofrecieron un puesto en una agencia de publicidad como creativos. Trabajaba con mi expareja, Ramon Pez, que era diseñador y había sido director de arte de *Colors.* Pero dijimos que no: yo quería volver a Barcelona y hacer mis proyectos. Porque a mí lo que me faltaba en *Colors*, y en todos lados, era poder hacer los temas que yo quería. La revista era monográfica y sacamos números increíbles sobre migración, protesta, medioambiente, arte, ¡incluso fútbol! De todo. Pero el porcentaje de los temas en los que se hablaba sobre mujeres y derechos de las mujeres era mínimo. Un día hicimos el test de Bechdel [que mide la brecha de género en producciones artísticas] ¡y no lo pasábamos! Volví a Barcelona, cerca de mis padres, con la idea de intentar hacer solo lo que yo quería. Me siento privilegiada por poder escoger. No me gusta hacer fotos de temas que no me mueven y antes preferiría hacer mil otras cosas para ganar dinero.

P.: Entonces, fueron cinco años en Italia y ¿cuántos años en Nueva York antes de volver a Barcelona?

A.: Quizá estuve uno o dos años yendo y viniendo a Nueva York. Hasta que cerramos el último número de *Colors*. De hecho, acabo de volver de Treviso de hacer un taller. Hacía mucho tiempo que no iba… *Colors* era increíble. Era una revista fundada por un fotógrafo de publicidad, Oliviero Toscani, dirigida por un director creativo, Tibor Kalman —uno de los mejores diseñadores gráficos de la historia—, y editada por Karrie Jacobs. No era una revista de fotografía ni de diseño. Se centraba en temas como el racismo, la pena de muerte, el sida… Temas a los que pocos querían acercarse en los 90. Recuerdo un documental sobre una de las fotos de campaña de Benetton sobre el sida en el que se explicaba cómo «ni siquiera el Gobierno quería decir la palabra AIDS [sida, siglas en inglés]». Esa frase me resonó muchísimo, porque los títulos que pongo en mis proyectos son muy importantes y también son palabras difíciles de pronunciar por la sociedad. Incluso a mí me resulta incómodo a veces decir palabras como «violación», «menstruación» o «aborto». Así que me imagino que a los demás también. Era una revista de actualidad y temas sociales, donde no trabajaban prácticamente periodistas. En la jerarquía y estructura de *Colors* lo más importante era la imagen, sin ser una revista de fotografía. Es un concepto muy diferente al que yo había aprendido. Las premisas eran: contar la historia, lo visual está por encima del texto —pero en realidad van a ir de la mano—, y lo más importante es la investigación. Todo ello nacía en un momento en el que todavía no había Google. Entre otros motivos, pero también por este último, las *Colors* de los 90 no tienen mucho que ver con las que hicimos nosotros en el último periodo. Pero quedaba la esencia de su metodología: a mí me gusta llamarlo el espíritu de Tibor Kalman. En mi época, lo que hacíamos, y era fascinante, era que diseñadores, ilustradores, investigadores, fotógrafos y creativos nos obsesionábamos con un tema durante meses. Estaba rodeada de gente de todo el mundo, de menos de 25 años, extremadamente talentosa y con ideas muy locas. Y yo, que venía del periodismo superestricto, que todavía tenía reminiscencias de querer salvar el mundo, decía: pero ¿qué hace esta gente publicando fotos que no son *de verdad*? [ríe]. Pero hacíamos un *storytelling* increíble. Otra norma no escrita y bien curiosa era que no se firmaban los textos, solo las fotos, por una cuestión legal. ¿De quién es la historia? ¿Del que ha propuesto el tema, del que ha hecho la entrevista, del que la ha escrito, del que la ha editado, del que ha hecho la fotografía?

P.: ¿Del que la ha investigado…?

A.: Claro. Como editores, hacíamos unos *briefings* [conjunto de instrucciones] para los encargos a los fotógrafos que… Un poco más y hacíamos la foto nosotros. Especificábamos lo que queríamos de forma muy precisa. Si no querías hacerlo, no pasaba nada; pero el concepto era que esto no va ni de ti ni de mí. Va de la historia que queremos contar. Puede ser o no la mejor manera de contarla, pero así es como la queremos contar. Esto lo aprendes al principio, cuando te pasa a ti misma. Recuerdo que hicimos un número sobre gente que nunca había visto el mar. Encontré varias historias y fui a fotografiar algunas yo misma, entre ellas la de una mujer beduina libanesa que nunca había visto el mar. Su hijo, que la iba a llevar, había fallecido recientemente. Era una señora muy mayor. Hice fotos y también vídeo por primera vez. Volví con unas fotos que a mí me parecían más que decentes. Pero se decidió que solo se usaría una foto del primer plano de sus ojos, una decisión basada en el diseño de arte de la revista, que se aplicaba a todas las historias. Ahí entendí que eso no iba de mí, ni de mis fotos, ni de lo bien que me habían quedado o no. Fue un gran aprendizaje. Mi escuela fue esa, más que ninguna otra.

P.: Escuchándote y viendo tu trabajo, lo que has hecho y lo

que haces ahora, da la sensación de que eso te marcó mucho.

A.: Sí, pero es porque *Colors* la hacíamos nosotros: no había un jefe como se entiende en otras estructuras. Nosotros éramos los jefes. Y éramos niños, nos lo pasamos increíble. También sufrimos muchísimo y trabajamos como locos. Pero luego, cuando cerramos la revista, cogimos cada uno lo que nos funcionaba de la metodología de *Colors* y lo adaptamos a nuestro trabajo personal. Diseñadores, ilustradores, escritores, fotógrafos. A mí me enseñaron a investigar en *Colors*. Es un tipo de investigación muy particular, que no es periodística ni artística. Era única. Puedes hacer arte o periodismo, pero para mí lo importante es tener una metodología rigurosa.

P.: Después de eso que cuentas vinieron muchos proyectos. ¿Cuál fue el primer trabajo del que te sentiste orgullosa como autora?

A.: A la serie de la comunidad lésbica de Nueva York le tengo mucho cariño. Pero cada proyecto ha tenido diferentes momentos de confirmación: *The Epilogue* como libro, *On Abortion* como exposición…

P.: ¿Cuál fue el momento en el que hubo un clic?

A.: Cuando estaba en la facultad, Sandra Balsells, que era mi profesora de Fotoperiodismo, nos enseñó fotografía de guerra, con referentes como James Nachtwey o Stanley Greene. Pero también fue quien me habló de Toscani, y le agradeceré eso toda la vida. Ella tiene una biografía muy vinculada a los Balcanes y hay una cierta tradición de alumnas que acabamos yendo a Bosnia mientras estudiamos su curso. Empecé trabajando en el campo de refugiados de Srebrenica como voluntaria. Luego, mientras hacía prácticas en la sección de Internacional del diario *Avui*, propuse cubrir el 22.º aniversario del genocidio de Srebrenica en 2007. Tenía 21 años. Recuerdo que había miles de personas y llovía —dicen que ese día Srebrenica siempre llora—, y yo estaba ahí cubriendo el funeral masivo. Estaba junto a las familias con las que había convivido en los últimos veranos, por eso no era una circunstancia totalmente extraña. Pero en ese momento me di cuenta de que, para poder entender realmente lo que aquella gente estaba sintiendo, o le dedicaba gran parte de mi vida a estar allí, como hizo Sandra en su momento, o nunca iba a ser capaz de entender el contexto o incluso el dolor que implica perder a tu marido, a tu padre y a tu hijo el mismo día. Recuerdo estar haciendo fotos en situaciones muy dramáticas, llorando, y pensar: «Esto no es para mí». Necesito tener un nivel de comprensión más cercano a mi realidad, porque quiero llegar muy profundo. No solo quiero documentar, quiero transformar. Ese fue el clic. De ahí salté a Nueva York. No literalmente, pero sí en mi cabeza. Las veces que hoy en día voy a lugares realmente alejados de mi cultura para fotografiar —a El Salvador, a Camboya…— soy muy consciente de lo que significa estar de paso, quién soy y desde dónde fotografío. Era muy importante tener ese aprendizaje para cuando empezase el proyecto *A History of Misogyny*.

P.: A ese proyecto le dedicaste mucho tiempo, ¿no?

A.: Sí y no. El proyecto llevaba cociéndose muchos años. Hacía mucho tiempo que quería hacer algo grande sobre este tipo de temas e iba acumulando documentación. En 2014 empecé a ver que toda la investigación empezaba a tener una estructura. El 75% de mi trabajo es estructurar y clasificar, literalmente. Si vieras el último archivo que he hecho de los *collages* históricos de *On Mass Hysteria* [el tercer capítulo de *A History of Misogyny*]… He pasado más de siete años buscando, organizando y conceptualizando archivos. Al final, las imágenes, la instalación, muestran el recorrido que he hecho. Al menos con *On Abortion* fue así. Pero cuando todo empezó me di cuenta de que tenía material para unos siete capítulos que, puestos uno detrás de otro, hablaban de las formas que tiene la sociedad, sistémica e históricamente, de controlar a la mujer. En 2015 hablaba con Sam Stourdzé —el director del festival de Arles en aquel momento—, a quien había conocido cuando era el director del Musée de l'Elysée en Lausana, y me preguntó qué estaba haciendo. «Tengo en mente este proyecto», le dije. «Genial. ¿Lo puedes tener listo para Arles (en nueve meses)?» «Igual necesito diez años». Y él: «¿Puedes hacer el primer capítulo?». Así hice todo *On Abortion* de cero, para la exposición en Les Rencontres d'Arles de 2016. Lo que en aquel entonces fue una locura luego se convirtió en parte de mi metodología: tener un espacio y producir pensando en él. Hasta entonces, hacía algo parecido con los libros. Pero nunca lo había hecho con la idea de una instalación desde cero. Salió bien, y cambió todo.

P.: Hubo un antes y un después.

A.: Sí. Total. Pero hay varios «antes y después». Cuando recorro mi biografía en clase siempre hablo de las crisis, porque a menudo provocan estos cambios tan fundamentales... ¿Y tú? ¿Cómo empezaste?

P.: Cuando me lo preguntan, siempre me gustaría poder poner voz de Humphrey Bogart y contar una historia espectacular: que iba caminando entre las bombas y entonces me di cuenta de que era fotoperiodismo lo que quería hacer... [ríe]. Pero nada que ver. El comienzo de mi carrera fue difuso y con poca épica. Me costó mucho meter la cabeza en el periodismo. El primer viaje de trabajo del que me siento orgulloso fue nada más llegar a Barcelona, en 2008. Hice una serie de viajes con un camionero por Europa. Era el comienzo de la crisis financiera. Era todo un desastre: no había recursos para hacer nada y yo estaba buscando un tema que mereciera la pena contar, pero no tenía formación para eso. Venía de la sociología, no del periodismo. Había conocido a alguien que se estaba formando para ser camionero y, cuando consiguió la licencia, me fui con él. Cargó el camión en Murcia, subió por la AP-7, me recogió en Barcelona y nos fuimos por Europa. Fue una pasada. Lo recuerdo con mucho cariño. Primero, porque merecía la pena contarlo. El contexto era el de la crisis: España exportaba, pero había muy poca capacidad para importar. Los conductores se quedaban tirados por ahí en las carreteras. Me encontré con distintas capas dentro del mismo reportaje, como la explotación laboral. Las empresas contrataban a los camioneros por temporadas, los echaban y los volvían a contratar. Tenían problemas de salud porque estaban sentados todo el día y comiendo mal. Con los informes de salud que tenían, no los volvían a contratar porque podían causar baja. Personas forzadas a conducir camiones con problemas en los frenos, accidentes, robos, prostitución. Me encontré con chicas jovencísimas de Europa del Este obligadas a deambular por los aparcamientos de polígonos industriales de Alemania y Francia con el chulo detrás. Un desastre. Lo había intentado antes, reportajes más pequeñitos, pero siempre con una sensación de no conseguir nada. Esta vez sí consideré que estaba consiguiendo contar una historia y que además era importante. Estaba averiguando un montón de cosas que, pese a haber investigado un poco, no había visto ni leído. Sobre todo, no había visto un reportaje fotográfico así. Recuerdo que hubo un accidente. Estábamos entrando en Francia desde Alemania, por el norte. Amanecía y de repente, delante de nosotros, un camión pequeño volcó, derrapó y cortó la carretera por la mitad. Nos bajamos corriendo a ver qué pasaba, qué había pasado con el conductor, me giré y vi la escena: el camión volcado cortando la autopista, nuestro camión detrás con las puertas abiertas; César, el conductor al que yo acompañaba, junto al tipo del otro camión, que era un señor muy mayor que estaba en *shock* con las manos en la cabeza; una fila infinita de coches con las luces aún encendidas al amanecer... Me perdí la foto. No la conseguí hacer. Pero la vi. Y me dije: «Ya no quiero hacer otra cosa, esto es lo que quiero hacer». Aunque ya llevaba varios años haciendo distintos trabajos y poniendo mucho esfuerzo en la fotografía, creo que puedo considerar ese momento el comienzo de mi carrera.

A.: ¿Qué pasó después?

P.: Pues que tuve que volver a empezar muchas veces. La sociología llegó a fascinarme y, aunque llegué a planteármelo, a priori no tenía intención de dedicarme a ella. A fecha de hoy sigo sin saber qué hace un sociólogo cuando se despierta por la mañana. Es una de las cosas en las que falla, en mi opinión, esa carrera: que a nivel profesional es muy etérea. Pero me fascinó el conocimiento que se adquiere a través de ella. En aquel edificio se estudiaba todo lo que me interesaba: migraciones, conflictos, ecología humana, relaciones internacionales… Había gente y discusiones muy potentes. Me ofrecieron una beca del Departamento de Economía Política. En esa época me enredé y casi me pierdo allí, en la sociología. Luego hice el último año en Ámsterdam. Allí había una visión mucho más antropológica que sociológica, pero también fue muy interesante. En aquellos años no sabía si me iba a dedicar a la investigación, a las relaciones internacionales, a la cooperación o al periodismo. Al poco de comenzar la carrera ya hice mis primeros trabajos como fotógrafo. Trabajaba en cualquier cosa para cobrar algo, pero hubo un momento y un libro que inclinaron la balanza hacia el fotoperiodismo. Creo que era 2005 cuando conocí la sociología visual: eso me llevó a un libro titulado así, *Sociología visual*, en el que dos sociólogos, Jesús M. de Miguel y Carmelo Pinto, analizaban el trabajo que hizo Eugene Smith en el pueblo de Deleitosa para la revista *Life* en 1951. Ese libro me llevó a zambullirme en el trabajo de otros autores. Pasaba más tiempo en la biblioteca de la Facultad de Periodismo que en mi facultad. Poco a poco creció la obsesión por combinar investigación, fotografía y texto, y por aplicarla en el estudio de esos tres grandes temas que me interesaban en el ámbito internacional: migraciones, conflictos y ecología humana. Mi interés por la fotografía venía de muy lejos, desde que era un niño. Siempre me había gustado. En nuestra generación, hacer fotos con diez años significaba algo muy diferente respecto a lo que significa hacerlo hoy.

A.: Absolutamente.

P.: Había un proceso, había una cámara, había un interés, había un revelado.

A.: Había un ritual.

P.: Exacto.

A.: Ahora no.

P.: Tenía que haber un interés genuino por hacer algo que no se hacía de forma cotidiana. En cambio, ahora se accede de serie. El acto fotográfico, de repente, se ha automatizado. Antes era un acto muy consciente.

A.: Ahora está en nuestra mano.

P.: Claro. Yo viví una época en Irlanda, siendo aún muy pequeño, y recuerdo hacer fotografías del mundo que me rodeaba, llevarlas a la tienda a revelar y mandarlas por carta a mis amigos de España para contarles cómo era mi vida allí.

Había un acto fotográfico muy consciente.

A.: Permíteme hacer un inciso. Yo me veo como parte de una generación en cierto modo privilegiada, dentro de la fotografía y de la tecnología en general, porque pudimos revelar fotos, y por eso entendemos el ritual y el objeto. Creo que tener esa experiencia permite contextualizar todo de una forma muy diferente en nuestro cerebro. Además, éramos lo suficientemente jóvenes o estábamos al principio de nuestra carrera cuando vino la revolución digital, de manera que nos hemos hecho superresilientes a todos los cambios tecnológicos. Eso nos ha dado perspectiva. No somos nativos digitales en un mundo en el que hay una vorágine tecnológica constante. Pero tenemos esas dos visiones, y creo que somos una generación muy interesante.

P.: Sí. Fue un periodo de transición.

A.: Perdona, continúa.

P.: Los cinco años después de la universidad me costaron mucho, me encontré muy perdido. Siempre he visto que quienes estudian la carrera de Periodismo la critican, y lo entiendo: el periodismo no se estudia, se ejerce. Pero para los que no lo hemos estudiado en la universidad y luego nos queremos dedicar a él, hay ciertas cosas en las que estamos perdidos, aunque no sean muy complejas. Por ejemplo, no sabía cómo funcionaban las agencias ni los periódicos. Tuve que aprender todo desde cero. Fue como hacer una segunda carrera sin hacerla, otros cinco años. Súmale a eso el momento de crisis que se vivía en España y en el mundo entero, la sensación de que el periodismo se estaba muriendo. Todo era no. No, no, no.

A.: Te iba a decir eso antes: era el año del «no».

P.: Recuerdo una cena con amigos aquel 2008. Éramos unos 12 y solo dos teníamos trabajo, y de aquella manera. La frustración era salvaje. A esa época no le tengo cariño porque lo pasé mal. Me estresé mucho, tenía muchas ganas de hacer muchas cosas pero no lo conseguía. Fue un cambio radical cuando me fui a Bolivia en 2011 con una beca para trabajar en la agencia Efe. Ahí cambió absolutamente todo. En América Latina Efe es la agencia más grande, y creo que fue un acierto por muchos motivos. Iba como redactor, pero yo era fotógrafo y ahí pude hacer fotografía. Bolivia es un país muy reportajeable, donde pasan miles de cosas, y no está saturado. De hecho, propuse a los compañeros de La Paz hacer un festival de fotoperiodismo y resultó ser el primero: nunca se había hecho uno. Lo llamamos *3600 milímetros*, jugando con la altitud a la que se encuentra la ciudad de La Paz. Invitamos a todos los fotoperiodistas, a todos los profesionales. La mayor parte dijo que sí y creo que en la primera edición fuimos unos 35. Solo en la Rambla del Raval de Barcelona, donde vivo, ya debe haber esa cantidad de fotógrafos [ríe]. Aquello fue una experiencia increíble, pero la vuelta fue todavía más dura. Antes de irme de Bolivia, le pregunté a mi jefe allí si me podía contratar y me dijo que no, que de hecho mi puesto ya no se iba a cubrir. Recortes. Regresé a Madrid y ni siquiera podía entrar en el edificio de Efe, ni siquiera tenía un interlocutor, mi tarjeta de acceso ya no funcionaba. Con mi

amigo Simón Casal creamos una productora —sin un duro—
para intentar atraer más trabajo. Hacíamos lo que podíamos
para facturar. Yo lo que quería era hacer periodismo. Pero claro,
en el periodismo no había un duro. Simón no era periodista,
sino director de cine. La productora se fue desviando hacia
lo que daba trabajo: la comunicación *online*, la producción de
webs. Yo siempre había querido trabajar en los tres grandes temas que me atraen: las migraciones, los conflictos y la ecología
humana, y de repente me vi con una productora, encerrado en
casa delante del ordenador día sí y día también, gestionando
proyectos que no me interesaban y que no podía abandonar
porque era el responsable. Lo pasé fatal. Aquel 2012 fue el peor
de mi vida, pero también fue en el que más aprendí. Miraba
más fotografía que nunca, leía sin parar, preguntaba a todo
el mundo. Al final cerré toda aquella etapa: los proyectos, la
productora, el piso donde vivía, todo a tomar por saco. Me dije:
«Este tiene que ser el último comienzo». Y así fue. A partir de
2012 ya no tuve que volver a empezar. Las cosas salieron bien,
con todas las dificultades, pero ahora creo que puedo decir
que salieron bien. Tuve suerte, o no sé. Eché toda la carne en
el asador. Decidí centrarme en migraciones y en ellas encontré
el hilo conductor que conectaba muchas de las problemáticas
que me interesaban, desde los motivos por los que la gente
abandona sus países de origen, pasando por la ruta migratoria
en sí, hasta llegar a la vida en los países de recepción. Además,
fotográficamente me funcionaba muy bien porque tenía esa

pasión por conseguir imágenes que evocaran algo: emociones. En ese ámbito, en el de hacer imágenes evocadoras, es en el que más disfruto a la hora de trabajar con la cámara.

A.: A ti te apasiona la sociología, que es mucho más profunda que el periodismo, y lo que te gusta del fotoperiodismo es evocar emociones, que en principio no es su función prioritaria. ¿Seguro que no quieres ser artista, Santi?

[Ríen].

P.: Efectivamente, es una de las muchas contradicciones que tengo. En los momentos en los que me quito de encima el dilema de tener que construir una historia, de tener que investigarla, de tener que hacer todo ese trabajo, me siento libre para hacer fotografía. Hay que tener mucha paciencia, constancia. Me obsesioné con producir imágenes que evocaran emociones porque me había aburrido de la imagen con la que había empezado, que era muy etnográfica, muy de registro, que venía de la sociología. En esa época hacía coberturas y fotos que iban a las portadas de los periódicos, pero en mi cabeza todo era un proyecto de largo recorrido. Había mucha diferencia entre cómo difundía mi trabajo y lo que había en mi cabeza al hacerlo. En mi archivo había un proyecto estructurado.

A.: Me pasa algo similar. Cuando me preguntan referentes o fotógrafos que me marcaron al inicio, me vienen a la mente escritores, porque tengo un *background* literario. De hecho, cuando doy clases —de narrativa visual en una universidad en Suiza—, o cuando trabajo de editora, narro desde una perspectiva literaria más que visual. He aprendido a contar historias leyendo a Miguel Delibes. Mis padres eran obsesivos con los libros y convirtieron la casa en una biblioteca del suelo al techo, ¡las paredes de mi casa estaban hechas de miles de libros! Para ti también son muy importantes. ¿Por qué no te has puesto a escribir libros?

P.: Llevo mucho tiempo queriendo escribir el primero y me cuesta horrores. Tampoco es fácil, sobre todo cuando no lo has hecho nunca. No soy un gran consumidor de libros de fotografía. Me gustan y tengo algunos, imagino que más que la gente que no se dedica a esto, pero para ser fotógrafo creo que soy poco consumidor de libros de fotografía. Me gusta mucho leer, eso sí. Los libros que siempre me han apasionado son libros de texto que además tienen fotografía.

A.: Pero ese es un tipo de libro de fotografía. Hay muchos libros de fotografía que son mitad y mitad.

P.: Ahí es donde más cómodo me encuentro, y ese es el libro que me gustaría desarrollar. Parece que esté haciendo un repaso de mis frustraciones [ríe], pero es importante explicar todo esto. En 2018 tuve otra gran crisis profesional. Cada vez me gustaba menos la forma en la que estaba trabajando y no había mucho espacio para trabajar de la forma en la que sí quería hacerlo. Eso es lo que me llevó a donde estoy ahora, a todo lo que estoy haciendo ahora. La aproximación a las migraciones que hacía tenía un componente que me gustaba mucho, en el que yo podía hacer fotografías que contaban o visibilizaban cosas que creía que se tenían que visibilizar, y además con la suerte de poder generar mucho impacto con ellas, porque tenía mucha difusión a través de medios de comunicación internacionales. Pero al mismo tiempo había mucho de todo lo que no me gustaba. Ahí hay distintas capas: la repetición de clichés, la sobredimensión de un acontecimiento, la falta de profundidad a la hora de contar una historia, el europeo contando a los europeos lo que les pasa a los africanos. Cada vez me gustaba menos ver un trabajo mío en una exposición y dar una conferencia y ver que éramos todos europeos blancos en la sala. Cada vez me encontraba menos cómodo. Entonces, cuando me planteo el libro que quiero hacer, me peleo con él y no paro de encontrarme conflictos: «¿Es esto lo que quiero contar?».

A.: Quizá ese es el libro.

P.: Puede ser, pero ahí tengo dudas sobre cuánto interesa. A veces pienso que todo esto son conflictos intraprofesionales que no interesan fuera de nuestro ámbito.

A.: No tiene por qué.

P.: Me gusta fantasear con la idea de que en realidad nunca abandoné la sociología, que jamás he dejado de ser sociólogo, y que lo que llevo haciendo todos estos años ha sido meterme hasta la cocina para hacer un trabajo de campo sobre la industria del periodismo. Tengo la sensación de que estoy analizando una industria a la que yo no pertenecía y en la que he encontrado muchas cosas apasionantes y otras que no me han gustado nada.

A.: Me haces pensar en otro momento que cambió el rumbo

de todo. Cuando me di cuenta de verdad de que los temas que quería hacer no iban a ser fáciles de publicar jamás, como si hubiese una pared que no había manera de atravesar. Era 2012 y estábamos haciendo *Afronautas*, con Cristina de Middel, con Ramon Pez, y siendo parte de la revolución de las autopublicaciones en el mundo del fotolibro. Tenía mi serie de *Thinspiration*, y en el último momento censuran una publicación de 15 páginas que llevaba detrás meses de trabajo. Decidí autopublicar el *fanzine*, tomando las riendas de qué se mostraba y qué no. Cuando te digo que quizá «ese es el libro», en realidad te estoy haciendo otra pregunta sobre quién eres tú en tus historias. En el momento en que eres sujeto dentro de la situación y no eres un agente neutral, ¿te has planteado cuál es tu papel en la historia? Sé que eres consciente de qué significa estar ahí y tienes una metodología para reflexionar sobre lo que implica. Pero a nivel narrativo, en tus proyectos, ¿te planteas convertirte en parte de la historia?

P.: Separo mucho qué contar y cómo contarlo en función de la historia sobre la que estoy trabajando y el canal a través del cual se va a publicar. Esta conversación la tengo a menudo con mi pareja, Maribel Izcue, que es periodista y redactora jefa de *5W*. Siempre le digo que hace ya mucho tiempo que las historias en primera persona son las que más atrapan mi atención como lector. No importa quién las cuente. Rara vez veo una historia que, sin ser en primera persona, pueda competir con las que sí lo son. Es otra contradicción, porque yo no trabajo de

esa manera a la hora de producir reportajes. Ahí intento difu-
minarme por completo. Pero creo que sí utilizaría la primera
persona en un libro, como lo estamos haciendo en este. Además,
tengo un proyecto diferente al resto que, de alguna forma, ya va
en esa línea. Se llama *Quidam*. Es mi proyecto más antiguo, lo
empecé en 2007. En aquella época revelaba fotos en un labora-
torio por las noches en Madrid y solía escuchar un programa
de Radio Nacional en el que invitaban a personas interesantes y
noctámbulas. Una de aquellas noches invitaron al antropólogo
Manuel Delgado, que acababa de publicar el libro *Sociedades
movedizas*. Hablaba del espacio urbano y de las interacciones
en el espacio público. Me compré el libro y en él menciona el
término en latín *quidam*, definiéndolo como «alguien que pasa
y que solo existe en tanto que pasa; alguien desconocido, nadie
en general, todos en particular». Guardé aquella idea y trabajé
con ella. Con el tiempo fue evolucionando hasta dar título al
proyecto que es hoy en día. A la hora de fotografiar yo siempre
intentaba ser invisible, y lo sigo intentando, pero desde el comienzo vi lo absurdo que puede llegar a ser ese intento, porque
mi presencia casi siempre alteraba mucho las escenas, y eso me
fascinaba. Empecé a guardar todas aquellas fotos que no publi-
caba porque había gente reaccionando a cámara. Es un proyecto
muy sencillo, porque no tiene más reflexión que esa. Además
es un proyecto en el que no he trabajado ni un solo día de mi
vida, porque son fotos que guardo cuando estoy haciendo otras
historias. Son las fotos que descarto porque hay gente reaccio-

nando a mi presencia con la cámara. El *backstage* de todo eso es una reflexión sobre el acto de fotografiar. En las conferencias en las que participo también me he dado cuenta de que eso es lo que interesa al público: la experiencia sobre el terreno, lo que no se ve en las imágenes.

A.: Lo más honesto es asumir que estar ahí ya cambia la historia, literalmente. Lo que no puedes pretender es ser invisible. Lo mismo cuando escogemos temas. Yo me di cuenta con el proyecto de los trastornos alimentarios que empecé en 2009. El primer capítulo era una pieza multimedia sobre una chica con bulimia. Para mí era un tema personal, y la forma en que los medios de comunicación habían tocado los trastornos alimentarios me parecía muy problemática por lo simplista que era. A nivel visual, los medios buscaban la foto de impacto de la chica muy delgada que fuese bailarina o modelo. Eso creaba un problema de desinformación en familias que tenían hijas con trastornos alimentarios, porque, como no cumplían los estándares de las imágenes que la prensa les había puesto en la cabeza, no pensaban que ellas pudieran estar sufriendo ningún tipo de trastorno. Mi obsesión con ese primer proyecto fue romper esos tabúes a través de la empatía extrema: fotografía muy cercana, reportaje, seguimiento… Al mezclarlo con vídeo pudimos escuchar su voz, que era casi más interesante que la imagen.

P.: Luego hiciste *Thinspiration*…

A.: Cuando empiezo a investigar el movimiento *Thinspira-*

tion —chicas que querían ser anoréxicas como estilo de vida y compartían fotografías de mujeres muy delgadas para motivarse—, en 2010, después de diez años de su existencia, me doy cuenta de que se están haciendo autorretratos. No digo selfis porque aún no había tantos teléfonos con cámara. Las hacían con cámaras digitales pequeñas. Ahí me di cuenta de que la fotografía no solo no iba a salvarlas, sino que en ese caso era el problema y las estaba ayudando a enfermar aún más. Ese proyecto es supercomplejo, y para mí era importante sacar a la luz algo que estaba pasando en la *dark web*. En aquel momento no había perfiles personales o redes sociales, y lo que ellas hacían era compartir las imágenes en masa de manera anónima en foros muy rudimentarios, modificando las conductas clásicas de los trastornos alimentarios, integrando la tecnología y anticipando lo que luego viviríamos en masa: el rol de la fotografía en la autoimagen colectiva. Es ahí cuando me aparto totalmente de la idea romántica de la fotografía como motor positivo de cambio absoluto.

P.: ¿Cuál fue el tercer capítulo?

A.: De ahí volví a lo que podía parecer una forma de fotografiar más propia del documentalismo, pero que estaba en realidad muy influida por el movimiento posfotográfico en el que Joan Fontcuberta me había incluido a raíz de exponer *Thinspiration*. Nació *The Epilogue*, un libro sobre Cammy, que falleció a causa de la bulimia. Murió con 27 años, los mismos que tenía yo cuando estaba haciendo el proyecto. Estuve con su familia en Chattanooga, en Tennessee (Estados Unidos). Más allá de que gran parte de la narrativa fuera a través del archivo y el álbum familiar, lo que hacía que ese libro para mí no fuera periodismo era que mi presencia ahí trastocaba absolutamente todo. Para empezar, estar todo el día recordando a tu hija altera el contexto. Yo estaba integradísima en la familia, pero invisible no era. Aunque era un libro en el que no manipulaba las fotos o la realidad, luego me di cuenta de que no era exactamente así. Hay imágenes donde yo también «estoy». Dormía en la habitación de Cammy, en casa de sus padres. La casa era una protagonista en sí misma. Wejun, el padre, me dijo algo que hasta hoy me pone los pelos de punta: más de siete años después de la muerte de su hija, todavía no conseguía escuchar música. «Todos pasamos por procesos de duelo de forma diferente», me decía. Fue entonces cuando me di cuenta de que la casa estaba siempre en silencio. No había música, no había radio, no había tele, no había coches, porque vivían en la montaña. La casa se había congelado en el tiempo. Era perfecta, era preciosa, lo que en un principio la hacía mucho más difícil de fotografiar. No era Srebrenica. No había agujeros de metralla en las paredes, sino una especie de dolor silencioso, invisible. Años después, cuando enseño el trabajo a alumnos en clase, veo que en la foto de la habitación de Cammy, donde yo dormía, aparece la cama deshecha. ¿Qué sentido tenía hacer la foto con la cama deshecha? La cama donde nadie duerme está deshecha porque yo he dormido en ella. Esa foto es errónea desde el punto de vista del documentalismo. Mi interpretación es que de alguna forma yo quería estar presente. Quería contar mi historia. Pero nunca lo he hecho, porque soy muy reservada. Y porque vengo de donde vengo. En el periodismo tú no eres el protagonista. Durante el tiempo que fui documentalista, noté que me iba dejando pistas. ¿Por qué elijo esas historias? Porque tienen que ver conmigo. Obviamente no todos mis proyectos son autobiográficos, pero muchos sí. Para mí, bloquear esa necesidad de estar ahí es autoengañarnos. De mis libros, es uno de los que se sostiene de forma más consistente con los años. Pero quizá, si tuviera que empezar de cero, me integraría más en la historia.

P.: Entiendo lo que dices. En ese sentido, *Quidam* es el proyecto más honesto que tengo. Y tiene precisamente un elemento de crítica a los procesos de trabajo que he aplicado una y mil veces. Hay fotos con personas mirando de frente que me hacen un corte de mangas a cámara porque están hasta los huevos de que les hagan fotos, porque lo estaba haciendo sin el respeto que corresponde, porque me había plantado delante, sin más, y disparado la cámara. Hay muchos momentos en los que he querido dejar de ser fotógrafo, como cuando miraba a través del obturador y había alguien que estaba sufriendo y de repente, por un instante, reaccionaba a cámara. Se me cae el alma a los pies en esas circunstancias. En esos momentos querría ser médico o cualquier cosa más útil que estar haciendo fotos. Creo mucho en el valor del trabajo que hacemos, pero esos instantes son difíciles de gestionar. En contextos de emergencias nuestro trabajo puede ser difícil de entender para quien solo ve el resultado sin haber sido testigo del proceso, porque el contexto alrededor, lo que no se ve, le da sentido. En esos escenarios te permites fotografiar porque ya hay otras personas ocupándose de la emergencia, hay médicos o hay rescatadores ocupándose de asistir a esas personas, y por eso yo me puedo permitir el lujo de documentar la escena. Aunque la mirada no deja de existir. Creo que en este proyecto es donde más me desnudo.

When. El examen del mundo

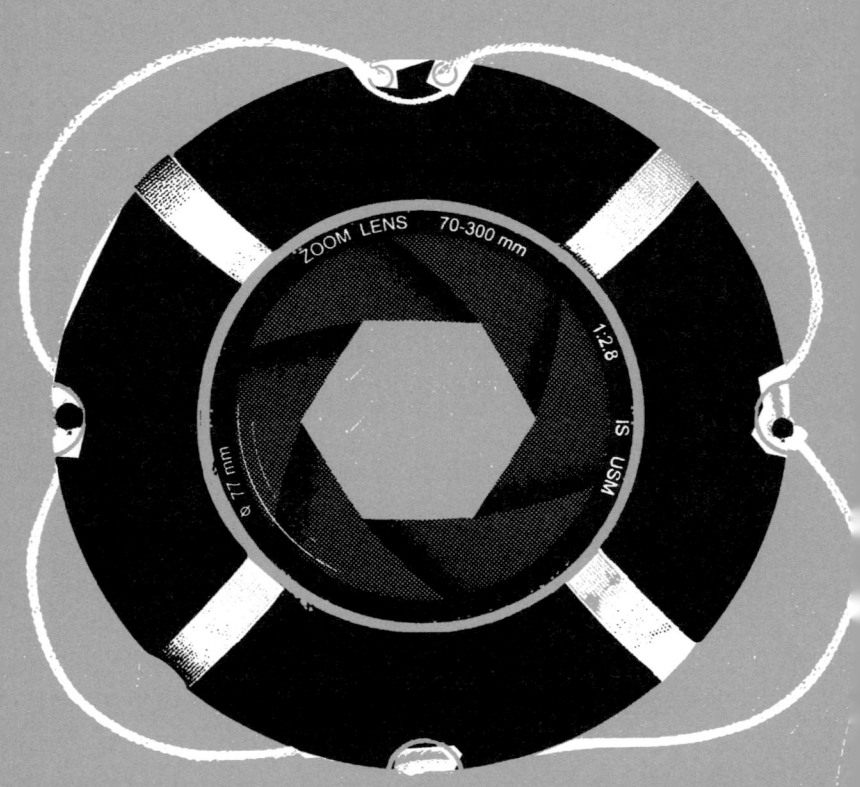

TERRITORIOS VISUALES.
Fronteras, migraciones y
conflictos. Una historia de la
misoginia. Uso y abuso del
concepto de verdad. Pequeñas
victorias en un mundo saturado
de información. Proyectos que
valen la pena.

Where.

P.: Hay lugares en los que tengo la sensación de que puedo hacer un trabajo que aporte algo. En cambio, en otros lugares no me veo capaz. Como contaba antes, después de 2012 y 2013 por fin no hubo más «volver a empezar» para mí. Trabajaba mucho fuera de España. También regresé a Bolivia, donde hice un proyecto en la cárcel de mujeres de La Paz. Dos años antes, cuando vivía allí, colaboré con una oenegé pequeñita que trabajaba en las cárceles. No había recursos en la prisión, las internas tenían que pagar absolutamente todo ellas mismas. La situación era tremendamente desastrosa: había mujeres encarceladas sin haber tenido un proceso judicial, ancianas de 80 años que ni siquiera era legal que estuvieran allí, mujeres que hablaban en aimara y que no habrían podido entender un hipotético proceso judicial en castellano... Son mujeres que, una vez salen de la cárcel, quedan estigmatizadas. Muchas están allí por menudeo y por tráfico; algunas habían sido engañadas llevando un pequeño paquete de cocaína a algún lado como se-ñuelo mientras el paquete gordo iba por otro lado. Conseguí un acceso muy poco habitual, todo fue extraordinario. Fue gracias a una organización grande de cooperación al desarrollo que quería llevar a cabo un proyecto en la cárcel para que las muje-res tuvieran una vía de ingresos: querían crear una panadería dentro de la prisión y que las internas pudieran vender en la calle los productos elaborados dentro. Para conseguir la financiación, la organización necesitaba documentar la situación que vivían las presas. Ahí entré yo: recibí el encargo a través de la pequeña oenegé con la que había colaborado antes. Mi papel era producir una pieza que se presentaría al comité que debía decidir qué proyectos se financiarían. La condición era que no podía mostrar rostros. El trabajo fue muy interesante y creo que salió muy bien. Se logró financiar el proyecto y además también recibimos el Premio REVELA, que otorgó 25.000 euros para que la pequeña oenegé con la que yo colaboraba pudiera seguir prestando asistencia en la cárcel durante un tiempo.

[Silencio].

P.: En aquel momento yo estaba sin casa fija y muchas de las coberturas que hacía eran largas, muy largas. Otras, no tanto. Al volver de Bolivia estuve en Ucrania, en el levantamiento del Maidán en enero de 2014. Ese fue uno de los lugares de los que me marché con la sensación de que no podía aportar demasiado. No hablo ucraniano ni ruso. Tenía la sensación de no estar enterándome muy bien de lo que sucedía. Quería volver a Melilla, donde ya había estado los años anteriores. Me fui directo al salir de Kiev y allí fue donde empecé a colaborar con Associated Press. El trabajo que hacía, casi siempre centrado en migraciones, tenía mucho impacto a nivel internacional gracias a la enorme distribución que tiene la agencia. También recibí encargos del *New York Times* y otros medios internacionales, y además hacía cosas para *El País*. Después de Melilla seguí haciendo reportajes aquí y allá. También regresé a Ucrania para trabajar en el Donbás, aunque volví a salir de allí con la misma sensación. Luego me marché a Grecia, cuando las llegadas de pateras a través del Egeo empezaban a aumentar, aunque todavía no aparecían en las portadas de los periódicos. Estábamos justo a las puertas del verano de 2015, el año de la mal llamada crisis de los refugiados. No había casi nadie, todavía no estaba muy presente en los medios de comunicación. Me encantaba ese trabajo, aunque implicara hacer guardias día tras día. Cuando te decía que la capacidad evocadora de la imagen me interesa mucho, también es porque esos escenarios lo permiten. Las playas de las islas griegas, desde las que se ve Turquía, o la valla de Melilla, permiten visualizar el concepto de frontera de una forma brutal. Esos territorios fronterizos y lo que en ellos sucede son escenarios que visualmente me funcionan muy bien a la hora de trabajar.

A.: ¿Por qué?

P.: ¿Qué hace que una fotografía sea buena? La respuesta que a mí más me gusta, de entre las muchísimas que he leído y escuchado, es de Joseph Koudelka: «Una buena fotografía es la que no puedes olvidar». Me encanta, lo resume todo. Podemos debatir todo lo que queramos sobre la forma de hacer o dejar de hacer, sobre contar historias así o asá, pero a fin de cuentas nada puede competir con lo que no se puede olvidar. Si no lo puedes olvidar es porque ha funcionado. Y si te olvidas es que no ha funcionado. Da igual el trabajo que haya detrás. Competimos además con todas las imágenes que consume todo el mundo a nivel personal: la fotografía de tu hija, de tu padre, de tu pareja, de tu abuela, de ti mismo… Lograr que alguien le dé importancia a esa otra imagen, que la retenga en la memoria y hable de ella en una cena, lograr que esa imagen de una realidad ajena a ellos entre en la conversación, es un reto muy difícil. Un reto que me pone.

A.: Pero ese reto puede ser peligroso, ¿no crees?

P.: ¿Por qué?

A.: ¿Qué sucede si el único objetivo es conseguir esa imagen memorable? Digamos que estamos hablando de una zona de conflicto. Bajo esos parámetros, nos podríamos sentir inclinados a escoger una estrategia visual para conseguir ese objetivo por encima de la historia, porque priorizamos el impacto.

P.: Pero no creo que eso que he dicho implique olvidarte de ser fiel a lo que consideras que debes contar, de ser respetuoso, de tener cuidado, y ni mucho menos implica renunciar a contarlo bien. Por eso es tan difícil conseguir esas fotos de las que hablo, porque no se hacen a cualquier precio. Yo intento tener controlados todos los factores involucrados a la hora de tomar la decisión de qué fotografía hacer, qué fotografía publicar y cómo publicarla. Puedes meter la pata, y de hecho lo hacemos, a veces nos equivocamos, de eso va también, ¿no? Pero también puedes hacerlo bien. Últimamente tengo la sensación de que da igual lo que haga: nada funciona bien. Con funcionar me refiero a que el trabajo tenga el suficiente impacto como para captar la atención de los lectores, al menos el suficiente como para que quieran quedarse a leer la explicación en profundidad que viene detrás de las imágenes.

A: A día de hoy, ¿estás contento con los resultados?

P.: Después de todos estos años me gusta analizar el trabajo que hacemos a corto, medio y largo plazo. A corto plazo creo que el fotoperiodismo, en el ámbito de la emergencia, sigue cumpliendo su función clásica, la de decir: oigan, aquí está pasando esto. Puede movilizar a los actores que tienen la capacidad y voluntad de movilizarse. He visto a médicos y rescatistas salvar vidas en lugares a los que han ido después de haber visto imágenes publicadas. Lo que hacemos implica pelear por una victoria cada mil derrotas. Esa sería una de las pequeñas grandes victorias. A medio plazo, en cambio, aparecen todos mis miedos: esto funciona, esto no, esto lo estamos contando bien, esto aporta, esto no, esto es un cliché, esto genera estereotipos, esto estigmatiza, esto es sobredimensionar un problema… Cada frontera por la que hemos pasado está peor después de que hayamos pasado por ella. No creo que sea por nuestra culpa, porque no creo que seamos tan importantes, pero sí pienso que nosotros aportamos un granito de arena que influye mucho: estamos inundando de imágenes los medios de comunicación y eso al final tiene un impacto en el debate público, que acaba obligando a las autoridades a reaccionar. Aunque rara vez reaccionan de la forma en la que uno cree que deberían hacerlo. Ahí es cuando surgían todos mis conflictos con la forma en la que trabajaba antes. Pero a largo plazo es cuando me enamoro de todo esto, porque creo que la fotografía nace con vocación de perdurar. Hoy en día parece que las fotos caducan pasada la medianoche, que solo tienen valor en ese momento. Pero no es así. Los acontecimientos que hoy son actualidad, mañana serán parte de la historia, y las fotografías que hacemos en un contexto de actualidad con el tiempo pasan a formar parte del registro de una época, con todo lo que eso implica. Es un beneficio sigiloso, a largo plazo, sin fuegos artificiales...

A.: ¿En esa época estabas centrado en las migraciones?

P.: Durante mucho tiempo seguí trabajando sobre todo en fronteras. Trabajar sobre los motivos por los que las personas abandonan el país de origen es algo que he hecho y hago siempre que puedo —y en lo que más me gustaría estar centrado actualmente—. Pero implica unos recursos logísticos enormes, de los que no dispongo. También hay que cubrir la vida en los países de destino, y lo he hecho muchas veces, pero ahí me siento más limitado para hacer esa fotografía que a mí tanto me interesa, esa fotografía evocadora. Tengo menos margen de maniobra. Además de ese hilo conductor que suponen las migraciones, lo que me llevó a trabajar en ellas es el concepto de frontera. Siempre me ha apasionado, porque determina por completo el mundo en el que vivimos, a muchos niveles y en muchos sentidos. Por eso me interesa tanto fotografiar esos instantes en los que una persona se prepara para cruzar una frontera, la cruza o muere en el intento.

[Silencio].

A.: Hay temas que se repiten y persisten, pero yo siento que cuanto más evoluciono, más va cambiando mi rol. Cuando empiezo *On Abortion* miro el mapa legal de las restricciones del aborto en el mundo: países en rojo —con acceso muy limitado—, países en verde —en principio con acceso—. Al mirar el mapa, mi primera reacción es querer ir a todos esos países que están en rojo. Pero no tengo los recursos para eso, y lo más importante: si no soy periodista, ni socióloga, ni antropóloga, ni médico, ni activista y ya no me siento en sintonía con la fotografía documental, ¿qué puedo aportar en esta conversación? ¿Cómo puedo crear algo lo suficientemente interesante, que además tenga una vida larga, como dices tú? Además, sucedió el año en que Trump iba a ser presidente. Recuerdo estar en medio del diseño de la exposición, irme a dormir pensando que no iba a ganar y al despertar y leer la prensa, ponerme a llorar. Sabía perfectamente que por el simple hecho de que este señor entrase en esa oficina iban a morir mujeres por negárseles el acceso al aborto. Y así fue. Acabé decidiendo que quería visualizar las repercusiones de no tener acceso al aborto en el mundo. Pensaba que si le explicaba a alguien que el aborto va a suceder igualmente aunque lo limites, pero de forma mucho más peligrosa, esa persona sería lo suficientemente empática como para no querer que las mujeres murieran. Luego me di cuenta de que desafortunadamente no es siempre así, pero bueno, esa era mi hipótesis. Empecé a encontrar fórmulas para visualizar esas repercusiones en diferentes contextos del mundo y a través de la comparación histórica, lo que me permitía apuntar cómo los derechos de las mujeres son pendulares y dependen del momento político en el que estemos. Así sigue siendo: sigo exponiendo *On Abortion* ocho años más tarde, porque se va replicando el mismo problema. Cuando miro el mapa, me doy cuenta de que la situación en El Salvador es…

P.: …un desastre total, ¿no?

A.: Sí, muy draconiana, pero no tan diferente a la de algunos estados de Estados Unidos ahora mismo. Eso me parece fascinante, porque yo decidí empezar en Europa. Quería empezar por casa y por mis vecinos. No empecé en España porque, por suerte, en aquel momento había una situación más o menos decente a nivel legislativo. Pero empecé en Polonia, Irlanda… Luego, con este aprendizaje, me fui a lugares más lejanos, donde hay circunstancias incluso más extremas, como en El Salvador. Allí, aunque te estés muriendo, no tienes acceso al aborto. Y la ley data de 1998: al contrario de lo que pensamos —que con el tiempo las circunstancias mejoran—, a veces empeoran. En El Salvador hay además una caza de brujas brutal contra las mujeres que abortan, incluso contra las que tienen abortos espontáneos. ¿Qué quiere decir eso? Que tú estás en el tercer trimestre de tu embarazo, sufres una emergencia obstétrica y puedes recibir una condena por homicidio de hasta 30 o 40 años. Es muy difícil de explicar la sensación que me provoca esto… Consideran que tienen que ser las salvadoras de su embarazo.

Cuando estuve allí conseguí entrar en la prisión, que era algo complicado en aquel momento, ya que estaban muy a la defensiva a raíz de las visitas de la prensa internacional. Conseguí entrar, aunque sin cámara, algo que por otro lado fue casi una bendición, porque fotografiarlas y exponerlas es muy peligroso para ellas. Están muy perseguidas.

P.: Pueden sufrir un estigma.

A.: Y amenazas de muerte. Fuera de la prisión sí que conseguí fotografiar a algunas mujeres que habían podido salir, alguna de las cuales había tenido incluso que exiliarse… Hablé con Guadalupe, le pregunté si estaba dispuesta a que le fotografiase el rostro y me dijo que sí, pero que no podía publicar la foto en un periódico de El Salvador. Pero nosotros ya no tenemos capacidad de control sobre eso. Muchos periódicos usan fotos sin permiso, y no solo en El Salvador. Cuando publico estas fotos soy muy consciente de lo que les puede suceder a estas personas. Por eso nunca insisto. De hecho, todavía no he expuesto *On Abortion* en Polonia porque tenía pánico a que les pudiese pasar algo a algunas de las protagonistas. El caso es que cuando estuve en la prisión hablé con ellas y me contaron una de las historias que más me ha enfurecido: hay mujeres que cuando intentan abortar —en casa con algún método casero o en clínicas ilegales donde les hacen chapuzas— acaban en Urgencias. Allí hay médicos que las denuncian y llaman a la policía, que cuando llega las esposa y las mete directamente en la cárcel.

P.: Procesos judiciales muy precarios…

A.: Exacto. En español no hay diferencia entre *miscarriage* [el término en inglés para un aborto espontáneo] y *abortion* [aborto voluntario], y usan esa confusión intencionadamente —aunque el aborto voluntario no tiene que ser criminalizado, por supuesto— para acusarlas de homicidio. Eso para ellas supone aún más tortura, porque muchas son religiosas y no quieren abortar. Obviamente yo no tenía recursos ni acceso para quedarme en un hospital hasta que algo así sucediera. Pero más importante: ¿Qué implica para esa mujer mi presencia ahí? En el caso de que convenciera a los médicos y a la policía, tendría que pedir permiso a una mujer que se encuentra en una situación de vulnerabilidad extrema, delante de tres figuras de autoridad, con la presión que eso significa para ella. No quiero ponerla en esa circunstancia, pero creo que es necesario hablar de estos sucesos. Así surge una de las primeras fotos escenificadas [Laia Abril usa siempre la palabra en inglés, *staged*] que hago. El objetivo era crear un concepto, no un documento. Curiosamente, es una de las imágenes que más escogió la prensa cuando publicamos mi proyecto. En cierta manera, esa semificción —no la llamo ficción porque la historia es pura realidad—, esa imagen escenificada crea un espacio entre la realidad y el imaginario colectivo en el que los lectores son capaces de reconstruir parte de la historia por ellos mismos. Al final, uno de mis grandes objetivos es que el público lea. Yo creo imágenes que no existen en tu cerebro, o sí que existen, pero quiero cambiarlas por otras, para que te den ganas de saber más o te cambie la perspectiva.

P.: Crear conversaciones.

A.: Eso es lo que me interesa. Ha sido un proceso de aprendizaje brutal. Pero en general lo ha sido con todas las exposiciones de la serie *A History of Misogyny*. Piensa que llevamos casi 40 exposiciones en más de 20 países en 9 años. Es muchísimo. Mi objetivo inicial con *On Abortion* era que la exposición llegase a lugares donde el acceso al aborto fuera ilegal, o donde pudiese crear discusiones importantes. Conseguimos llevarla durante el referéndum de Irlanda. Había bastante gente joven en la inauguración, y recuerdo a una chica que se acercó a darme las gracias porque hasta entonces no tenía muy claro qué votar. A menudo ha sido más importante llevar la exposición a según qué lugares que el proyecto en sí. También la llevamos a México cuando el aborto todavía era ilegal, a Estados Unidos cuando gobernaba Trump, a muchos países de Europa donde la legislación aún es restrictiva. Pero luego hay otros lugares que me crean un conflicto interno. Por ejemplo, me invitaron varias veces a Argentina cuando el movimiento activista estaba en un momento muy intenso, y pensaba: «¿Quién soy yo para ir a contarles lo que sucede, si ellas lo saben mucho mejor que yo?». Siempre me he sentido un poco reacia al concepto de fotografía participativa o de crear exposiciones para la comunidad que sale en las fotos. He visto ejemplos muy problemáticos. Hay excepciones, hay grandes proyectos de ese tipo, pero a veces he sentido que tienen una mirada muy paternalista.

P.: Y ¿cómo surge el segundo capítulo?

A.: *On Rape* nace a raíz del caso de La Manada. Sobre todo a partir de esa sensación colectiva de indignación, no solo por la violación en grupo, sino sobre todo por cómo la sociedad nos ha abandonado a nuestra suerte. ¿Has leído la redacción de la sentencia?

P.: No.

A.: Paul B. Preciado escribe un artículo en el diario *Ara* sobre la sentencia que es absolutamente perfecto. Hay partes que, cada vez que las leo, me dan arcadas. Como avisa Preciado, solo se puede leer con «un estómago de hierro y una buena red sólida de apoyo psicológico». Estamos ante la primera vez en la historia en que las violaciones son grabadas por los propios perpetradores, y ni eso es suficiente prueba del crimen. En el caso de «La Manada», el magistrado Ricardo González, que absolvió de violación a los cinco agresores tras ver el vídeo grabado por dos de ellos, resumía así lo que vio: «Lo que documentan las imágenes es sexo entre desconocidos, en el entorno clandestino y desapacible del rellano de un portal. Aprecio en los vídeos un ambiente de jolgorio y regocijo en todos ellos». Mostrar lo que pasó: «la verdad» [ríe irónicamente]. ¿Qué pasó? ¿Quién lo interpreta? ¿Cómo influye lo que pensamos en cómo leemos imágenes? En ese momento, que pasará a la historia española, siento que lo que nos indigna es cómo nos ha fallado el sistema judicial, el policial, la prensa. Ahí es cuando, a raíz de esa sensación, decido que *On Rape* sea el segundo capítulo, pero cambiando el foco: de las víctimas al sistema, a las culturas de la violación, a las instituciones.

P.: ¿Cómo se lidia con esa frustración?

A.: Mientras trabajaba en este proyecto recuerdo que mi padre me preguntó si sentía que cada vez iba a lugares más y más oscuros, y que dónde estaba el fondo. Dicen que con el tiempo te vas acostumbrando a este tipo de historias, que te desensibilizas. No sé si piensas igual, pero yo cada vez lo paso peor. Creo que es por acumulación. Cuando trabajo, no neutralizo ni intento crear una distancia emocional. Para poder crear esas imágenes tengo que intentar sentir lo que esa persona está sintiendo. A raíz del fallo institucional en España, busco ese sentimiento colectivo de desasosiego por el mundo. La instalación de testimonios de *On Rape* está formada por ocho uniformes que representan a las instituciones —y culturas de la violación— que no solo permitieron que los crímenes sucedieran, sino que los fomentaron en muchas ocasiones. La Iglesia, el matrimonio, la prisión, la escuela, el sistema militar… Sus palabras, las de los supervivientes, no hablan de la violación, sino de cómo la sociedad los abandonó después. Recuerdo que, cuando estaba investigando y buscando las historias para estas piezas, hablé con la madre de una niña colombiana de cuatro años que había sufrido abusos por parte de un profesor —la niña y presuntamente todos sus compañeros—. La escuela encubrió el caso y trasladó al profesor. La madre se pasó horas explicándome cómo absolutamente nadie la creyó ni le hizo el menor caso. A él nunca lo juzgaron.

[Silencio].

A.: Este y algunos de los otros vestidos me los mandaron a mi estudio. Me hizo de asistente mi amigo y gran fotógrafo Jack Latham, y empezamos a preparar el *set*. Hay una parte en la preparación de estas imágenes que es muy pragmática: como las piezas tienen que ser a tamaño real, hay que medir y hacer varios cálculos. La idea de que los vestidos parezcan reales es que cuando te pongas delante de ellos sientas que eres parte del problema, y que todos tenemos parte de responsabilidad. Es algo que no funciona si solo lo ves como una fotografía en una pantalla de ordenador. El uniforme simboliza la institución, pero también representa a los millones de víctimas que hay detrás y los que vendrán. Cuando llegó el momento de fotografiar el vestido de la niña colombiana, que era su uniforme de la escuela, tenía que medirlo para poder hacer el cálculo. Recuerdo comprobar que tenía solo 30 centímetros. En aquel momento me rompí. De alguna manera, me afectan más los números que ver imágenes forenses o vídeos de violación. De hecho, las estadísticas de violación hicieron que casi dejara el proyecto. Me preguntaba cuál era el sentido de seguir. Yo no iba a ver ningún cambio en mi vida. Había decidido que el tercer capítulo sería sobre feminicidios y me dije que no, que necesitaba trabajar en proyectos en los que no perdiese del todo la esperanza.

P.: ¿Cuál será entonces el último capítulo?

A.: La gran pregunta [ríe]. Partimos de la base de que *A History of Misogyny* es *una* historia de la misoginia y no *la* historia. Nunca pretendí que fuera una enciclopedia, sino una serie de temas que he necesitado investigar para entender mejor el mundo. Como ya dije, no es periodismo, no es sociología. Soy yo poniéndome ante todos estos temas: digiriéndolos y compartiéndolos contigo. Ahora me encuentro con el dilema de cómo seguir… Durante todos estos años me he estado dedicando a un proyecto al que llamo *The Genesis*, porque es uno de los temas con los que llevo más tiempo, y en cierta manera tiene mucho de raíz de varias problemáticas. Curiosamente va a salir al final, o como tercero. Es *On Mass Hysteria*, sobre el trastorno psicogénico de masas. Este capítulo es muy diferente a los demás. Aquí en realidad no muestro lo que pasa o a quién le pasa, sino que visualizo las interpretaciones que como sociedad hacemos de este fenómeno, y reflexiono sobre la misoginia y el colonialismo en la medicina occidental. Son episodios en los que sobre todo mujeres, adolescentes y niñas sufren desmayos, ataques, síncopes, sacudidas o incluso risa incontrolada, de forma colectiva y sin una explicación biológica. Les sucedía a monjas en la época medieval, luego sucede en escuelas de régimen estricto y también en fábricas textiles donde las mujeres sufren explotación laboral. Uno de los casos de estudio es en Camboya, donde han llegado a desmayarse en este contexto hasta 2.000 mujeres al año en las fábricas donde confeccionan nuestra ropa. El proyecto conceptualiza y visualiza las diferentes teorías que tenemos para explicar lo sucedido.

P.: ¿Cómo se explica desde la sociología?

A.: Históricamente se ha interpretado dependiendo del momento y del lugar de una manera u otra: «Eres una bruja, eres una histérica, te lo estás inventando para llamar la atención». La teoría antropológica y sociológica que me ha servido de faro durante el proyecto dice que podría ser un protolenguaje de protesta inconsciente. Esta idea nace en los años 70 a raíz de los casos de desmayos en las fábricas de Malasia, que Aihwa Ong estudia como rituales de posesión inconsciente para luchar contra el sexismo y la explotación laboral. En vez de salir a la calle y manifestarse o usar la violencia, un comportamiento impensable para una mujer en esa sociedad —ya que quizá es un atributo más masculino en este tipo de contexto—, su cuerpo se organiza y protesta por ellas. He investigado unos 300 casos en el mundo y tres en profundidad: en México, Camboya y Estados Unidos. Suceden por todo el mundo, a menudo en circunstancias y culturas muy lejanas a la mía. Así que uno de los aprendizajes ha sido entender que muchas de las interpretaciones animistas y locales traen mucha más claridad y una mejor explicación que las que hoy por hoy puede ofrecer la medicina occidental. Por ejemplo, muchas de las fábricas en Camboya están construidas encima de los campos de exterminio del régimen de Pol Pot. Hay una teoría de psiquiatría transcultural que dice que los desmayos podrían ser la recreación [Abril usa una palabra en inglés: *reenactment*] del trauma transgeneracional. Hay quien lo interpreta como una posesión de los ancestros a quienes se les ha faltado al respeto. Los activistas laborales culpan al calor extremo y las condiciones de trabajo. Mis dos preguntas principales son: ¿Por qué pasa y cómo se propaga? Y ¿por qué les pasa más a las mujeres?

P.: Eso implica también entrevistas con médicos que las hayan…

A.: He entrevistado a diferentes expertos: psiquiatras, neurólogos, médicos, antropólogos, sociólogos, activistas, curanderos… Para mí era importante incluir todo el ámbito del pensamiento mágico, o un pensamiento espiritual dentro de las explicaciones. Estamos hablando de una manifestación física del dolor, y el dolor puede ser espiritual. Las respuestas de algunos neurólogos a por qué les pasa más a las mujeres muchas veces son ridículas: «Las mujeres son más susceptibles», «las hormonas». El proyecto incluso critica una mirada feminista blanca que a veces tiende al paternalismo. Podríamos ver a muchas como víctimas y, sin embargo, las trabajadoras de la industria textil de Camboya, por ejemplo, son de las más sindicalizadas del mundo. Eso no significa que no las estén maltratando ni que las condiciones no sean atroces. Supongo que no hay una explicación a lo que les pasa, sino que hay muchas… No creo que abordarlo de la manera en que lo hago sea mejor o peor. A veces creo que las estrategias del fotoperiodismo son reduccionistas para contar este tipo de fenómenos. ¡Pero no creo que tenga que desaparecer!

[Ríen].

P.: No veo mucho sentido en confrontar el fotoperiodismo y la creación artística. Pueden convivir. Creo que en ambas disciplinas hay cosas maravillosas. En fotoperiodismo hay problemas y, sobre todo, limitaciones, y ya hemos hablado de ello: el riesgo del reduccionismo, las líneas editoriales de los medios o la falta de recursos creativos que permitan abordar ciertos temas, como los que tú trabajas.

A.: La prensa corporativa…

P.: Pero también veo muchos fallos en la creación artística cuando lo que se pretende es contar el mundo, sucesos que tienen lugar en el mundo real. El principal es que esa creación nace desde dentro de autores y autoras, con toda la libertad que implica, y eso supone dos grandes retos: por un lado, el autor o autora debe tener una gran capacidad para transmitir esa idea que nace de dentro de forma que los demás la comprendamos, y además esa idea debe ser fascinante también para el público, no solo para el creador. Por otro lado, creo que esa forma de trabajar puede llevar fácilmente a que el autor o autora acabe contando su paja mental, en lugar de contar —de forma efectiva para el público— aquella historia que se está pretendiendo contar. Digo esto haciendo referencia siempre al terreno documental, ese en el que a veces nos encontramos ambas disciplinas, porque cuando las intenciones de la creación artística son otras, no tengo mucho que opinar. En definitiva, creo que ambos lenguajes implican retos y tienen carencias.

A.: No voy a ser yo quien defienda la industria del mundo del arte, porque está igual de viciada que cualquier otra industria, y eso es preocupante y políticamente muy problemático. Pero a mí me ha ofrecido muchísimo más espacio y libertad. Hay algo que valoro mucho de la gente que me sigue, y es que lo haga aun cuando entiende que lo que hago no va a ser perfecto. No hago arte por vocación. Lo que siempre he querido hacer es entender lo que pasa en el mundo. Sigo conectada con la actualidad. Eso no significa que la metodología que tengo sea periodística, pero estoy contando cosas que pasan, las historias que te cuento son reales.

P.: Por eso tu trabajo es tan interesante y gusta tanto desde el periodismo y desde el documentalismo, aunque tú repitas todo el rato que no haces periodismo ni documentalismo. Lo que me cuesta es el lenguaje abstracto para contar historias muy reales, esa corriente contemporánea tan abstracta. Lo tuyo es trabajar con más libertad sobre cosas que sí suceden y, además, con un trabajo de investigación y verificación de datos detrás impresionante, digno del mejor periodismo. Estás haciendo una aproximación con más libertad de herramientas para contar, de forma muy seria y efectiva, problemáticas muy complejas. Por eso nos gusta tanto tu trabajo.

A.: La diferencia es que no quiero centrar el debate alrededor de la «verdad». El problema es que en temas como la violación, cuando buscas que tus imágenes sean una prueba de la realidad, el debate se centra en si ha sucedido o no, y esa conversación no me interesa. Ya sabemos que se viola, y continuamente. Me interesa reflexionar sobre el origen de las estructuras, como en *On Rape*, o sobre las consecuencias de nuestras leyes, como en

On Abortion. Además, cuando estamos buscando estas evidencias, convertimos a las mujeres retratadas en pruebas. Hay una pieza en *On Abortion* que me hizo entender eso perfectamente. El movimiento provida en Estados Unidos es muy violento y ha matado a alrededor de 200 médicos y trabajadores de la salud en las últimas dos décadas. Acosan a las trabajadoras de las clínicas, envían cartas con ántrax o directamente las bombardean. A finales de los 80 colgaban pósteres de «Se busca» en la calle y revelaban información personal de los médicos —sus nombres, direcciones, fotos— de manera que pudieses encontrarlos, asesinarlos y recibir una recompensa. Hay una obra en la exposición que muestra varios de esos carteles, junto a los pósteres reales de «Wanted by FBI» [buscado por el FBI] de los asesinos de médicos. Cuando estaba en medio de la investigación, mataron a tres trabajadores de una clínica en Colorado. Pensé que si solo mostraba los pósteres la gente iba a pensar que era algo que sucedía hace décadas, ya que tienen un aspecto muy *vintage*. Ahora se usan otros métodos, como las redes sociales. Así que contacté con cientos de clínicas en Estados Unidos para entender cómo reciben estas amenazas hoy en día. Me respondió una mujer que trabajaba en una clínica de Orlando y me envió tres *e-mails*. El primero era una fotografía de niños manifestándose delante de su edificio; el segundo era una fotografía de un juguete con forma de feto que le enviaron por correo y el último era un archivo de audio sin contexto. Cuando lo escuché por primera vez me di cuenta de que era un mensaje de voz que le habían dejado en el teléfono, amenazándola e insultándola. Si yo fotografío a esta persona, la estoy poniendo en un grave peligro. ¿Por qué tengo que someterla a esa presión, cuando en realidad la historia no va de que ella esté amenazada, sino de por qué se la amenaza y quién lo hace? Así surge mi primera instalación de audio: un teléfono en el que, al levantarlo, escuchas ese mensaje de voz, y así, quizá, durante unos pocos segundos, puedas empatizar con lo que significa para esa persona ir a trabajar en esas circunstancias. No es una imagen, no es una fotografía, pero es una pieza provocada por no querer hacer la fotografía que se supone que se tiene que hacer. Esa es la parte *meta* que me interesa.

P.: Es un muy buen ejemplo de las limitaciones que tiene la forma clásica del fotoperiodismo. Hay muchos temas que no se pueden abordar, o abordar bien, a partir de una mera secuencia de fotos. Ahí tenemos que tomar una decisión: o decidimos trabajar en otros formatos, como haces tú, o como hacemos en *Sonda* con vídeo, audio, fotografía, grafismo, etc., o renunciamos a esos temas. La forma en la que trabajo ahora tiene mucho que ver con una evolución impulsada por trabajos y coberturas en los que no me gustó el resultado. Recuerdo una operación de rescate en el Mediterráneo central en enero de 2018. Estaba a bordo del Open Arms, el barco en el que suelo trabajar, y llevábamos ya casi dos semanas muy intensas de rescates. Recibimos un aviso de una embarcación a la deriva que estaba a varias horas de nuestra posición. Navegamos, con muy mala mar, hasta encontrarla. Era una barcaza de madera, de esas que pueden volcar en cualquier momento, con unas 450 personas a bordo, en su mayoría procedentes de Eritrea. Subí a la embarcación y había un bebé muerto. Todo el mundo pedía ayuda. Me quedé bastante tiempo en la cubierta de la barcaza mientras el equipo de rescate iba trasladando a sus ocupantes hasta el Open Arms. Unos chicos salieron de la bodega pidiendo ayuda. Uno de ellos sacó a su hermano inconsciente. El equipo médico lo intentó reanimar, pero murió. Luego, con esas 450 personas ya a bordo del barco de rescate, nos encontramos con otra patera con más de cien personas: muchas mujeres embarazadas, gente de la República Democrática del Congo, de Camerún… El Open Arms estaba abarrotado, hacía mucho frío, entraba el agua… Para que te hagas una idea, cuando salía a la cubierta me moría de frío llevando ropa de abrigo, y veía a mujeres escuálidas, algunas embarazadas, otras que habían dado a luz hacía poco, con los bebés en brazos, mojándose porque iba empeorando la mar y el agua empapaba la cubierta. Se pidió ayuda a las autoridades italianas, pero no hicieron ni puto caso. Hubo solo dos o tres evacuaciones médicas. La mar seguía empeorando, así que buscamos refugio al abrigo de la costa de Túnez, sin aproximarnos demasiado. Se seguía pidiendo un apoyo que no llegaba. Una de esas noches murió otro bebé a bordo. Tardamos varios días en llegar a Sicilia. ¿Qué hubiera pasado si más de 500 blancos estuvieran en una situación así? Habría aparecido la Quinta Flota.

A.: Como cuando los medios se volcaron en la búsqueda del submarino que iba de expedición a ver los restos del Titanic.

P.: Mi papel allí era contar lo que estaba sucediendo, y estaba dispuesto a hacer el trabajo que consideraba que se debía hacer para contarlo de la mejor manera posible, que en este caso habría sido un reportaje en profundidad en el que la fotografía habría sido solo una de las herramientas. Propuse de todo, pero como no tenía autoridad ni control sobre el proceso de trabajo, ni sobre la forma en la que los medios lo publicaban, mi trabajo se redujo a una serie de fotos que acabaron utilizándose para ilustrar cables de agencia que decían, por ejemplo: «Rescatada sin problemas una patera en Motril con 20 adultos y 2 niños». Entonces, ¿para qué estaba allí? ¿Cuál era mi función? ¿Hacer fotitos vistosas? Las fotos habían salido bien, claro, con semejante escenario era fácil producir imágenes potentes. Pero ¿entonces yo solo estaba allí para hacer fotitos? ¿No para documentar lo que a todas luces fue una omisión de socorro? ¿Ni para contar la historia de estas personas? No quería seguir trabajando de esa manera.

A.: Y ¿qué vino después?

P.: Todo lo anterior ligaba con la frustración con una industria que, además de las dificultades que genera para poder hacer periodismo de calidad, no es rentable. Se empezaron a unir muchos puntos. Esa frustración con la industria se unió a la insatisfacción con la forma en la que estaba trabajando sobre migraciones. Empecé a volver la mirada hacia una perspectiva que me apasionó cuando estudiaba Sociología, la ecología humana. De forma muy simplificada, podemos resumirla como el estudio de la relación entre el ser humano y el entorno: una forma de analizar el mundo desde la interacción entre el ser humano y los ecosistemas, naturales y construidos. Esto se puede aplicar a muchas de las problemáticas que me interesan: migraciones, conflictos, problemas medioambientales, crisis climática. Siempre he tendido a observar el mundo a vista de pájaro, y a nivel macro creo que no hay duda de que el mayor reto al que nos enfrentamos es nuestra relación con el planeta en el que vivimos. Con todo este runrún en la cabeza, llegó un momento clave en enero de 2020. Estaba otra vez en una misión de rescate y de repente lo vi muy claro. Open Arms, la oenegé con la que más colaboro, estaba pidiendo donaciones porque el gran trabajo que hace tiene un coste muy elevado, y hubo una campaña en la radio que funcionó. No se consiguió todo lo que hacía falta, pero se recibió apoyo. Cuando terminó la misión, viajé a Berlín junto a mi compañero Mikel Konate. Allí está la sede del Centro Europeo por los Derechos Humanos y Constitucionales [ECCHR, por sus siglas en inglés], al que pertenecían los abogados que estaban llevando a juicio a España por vulneración de derechos humanos en la frontera de Melilla, y nosotros estábamos haciendo un documental sobre ese proceso. Llegué a aquel edificio berlinés tan grande y les pregunté dónde tenían proyectos. Me enseñaron un mapa con intervenciones en muchas fronteras. Les pregunté cómo se financiaban: eran una oenegé. Cada vez veía más claro que, de alguna forma, los periodistas llevamos años siendo oenegés, pero sin poder recibir donaciones. El periodismo en profundidad no es rentable, pero merece la pena que exista. Y lo digo de una forma cada vez más asertiva y categórica en las charlas, esperando que alguien me replique y me convenza de que estoy equivocado, porque ojalá. Pero yo creo que es así. Los proyectos de verdad cuestan mucho dinero. Lo que hacemos son productos de lujo: el periodismo en profundidad y de calidad es un producto de lujo, requiere mucha gente trabajando durante mucho tiempo, a veces corriendo grandes riesgos y gastando unos recursos salvajes. Si además es un proyecto internacional, mucho más. El nivel de gastos es enorme, y luego el trabajo prácticamente se regala, o se regala directamente, pero sin la posibilidad de poder recibir donaciones para seguir realizándolo. Una parte de la sociedad civil valora mucho la función que cumple el periodismo de calidad, y ¿qué sucede con aquellas actividades que son valoradas por una parte de la sociedad civil pero no pueden abordarse desde el mercado porque no son económicamente rentables? Que las realizan organizaciones sin ánimo de lucro, apoyadas por una parte de la sociedad civil. Ese apoyo es vital en la ecuación. Además, nadie se dedica a esto para hacerse rico, el lucro no es necesario. Simplemente quieres el dinero suficiente para poder seguir realizando la labor que consideras que es importante. Fue entonces cuando tomé la decisión de fundar *Sonda Internacional* como una organización sin ánimo de lucro, aunque inmediatamente llegó la pandemia y su creación se retrasó. El lanzamiento de la web fue finalmente en mayo de 2022. Lo definimos como un medio especializado en periodismo visual, en profundidad, sobre la crisis climática, con todos los matices que eso implica. Hasta ahora hemos recibido muchísimo menos apoyo del que necesitamos, no hay mucha cultura de donación en el mundo hispanohablante. Pero poco a poco se va creando una base de personas que creen en el proyecto y nos apoyan, y yo creo muchísimo en *Sonda* y lo que representa. Veo que, por lo menos, aquí hay una oportunidad de hacer algo que merezca la pena para analizar y mostrar cómo estamos alterando el mundo en el que vivimos. Espero que con el tiempo más gente se anime a apoyarlo. Lo más importante es la intención: trabajar proyectos en profundidad sobre problemáticas vinculadas a la crisis climática. Causas, consecuencias y posibles soluciones.

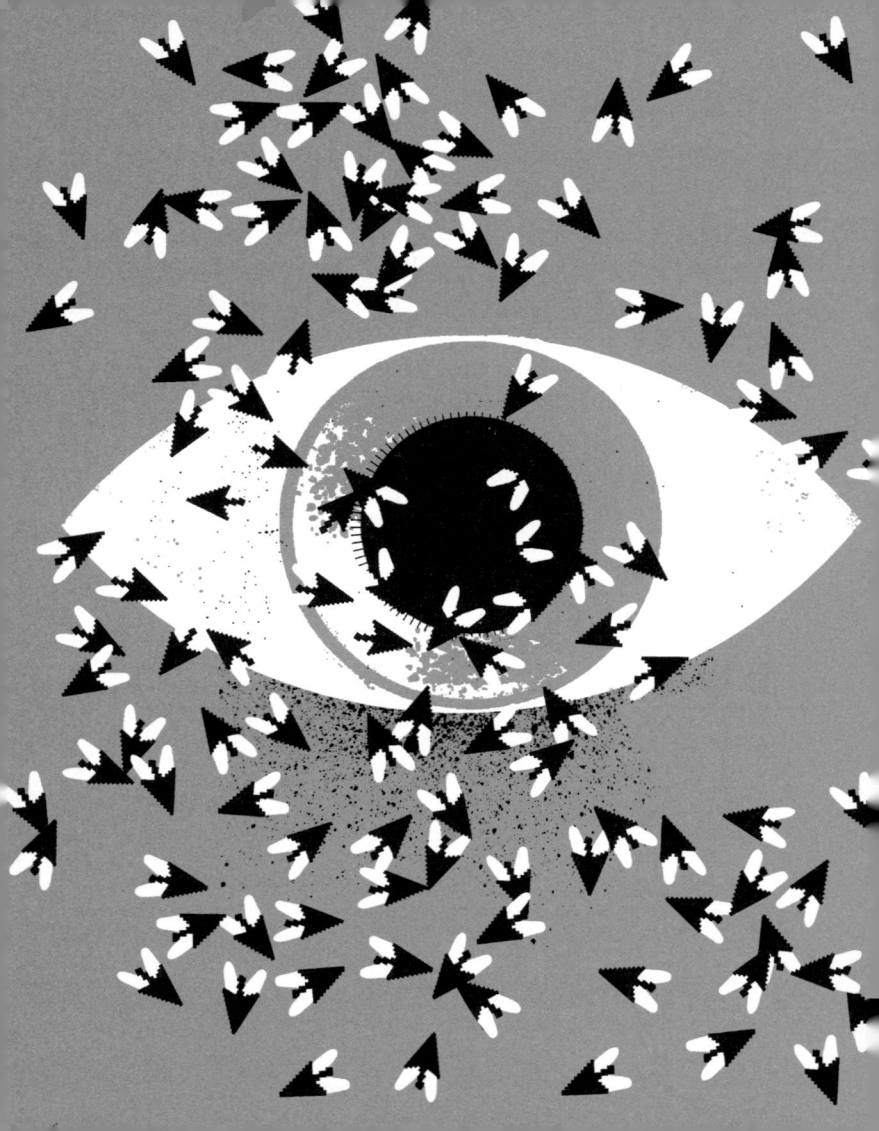

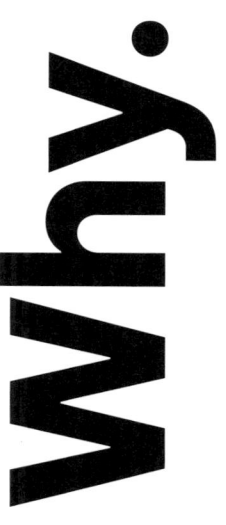

LLEGAR AL FONDO.
Más allá del formato, lo
importante es la historia, el
tema, la idea, el concepto.
Las vidas de una fotografía.
Dilemas sobre la exposición
del dolor. Las políticas de
representación. El espacio de
consumo de las imágenes.

P.: Si te propongo que elijas entre no volver a trabajar sobre temas vinculados a los derechos de las mujeres o no volver a trabajar con fotografía, ¿con qué te quedas?

A.: No es una pregunta difícil para mí. Aunque primero tendríamos que definir qué es trabajar con fotografía, porque no es lo mismo usar fotos que hacer fotos.

P.: Ambas.

A.: Si el dilema es la libertad de escoger tema versus crearlo con fotografía, no tengo ningún tipo de duda. De hecho me encantaría hacer un podcast [ríe]. Estoy trabajando en un proyecto de sonido. Bueno, más bien la visualización de la falta de sonido. Tengo una pérdida de audición del 40% en las frecuencias que permiten la comprensión de muchas palabras en castellano. De hecho, tengo la teoría de que una de las razones por las que dejé de hacer periodismo escrito es porque no oía bien. La fotografía te permite aislarte, que es algo que ya me pasa naturalmente. Me aíslo en situaciones de ruido, en grupos grandes o cuando la gente habla lejos de mí. Hice una instalación en el Liceu [la ópera de Barcelona] en colaboración con un compositor holandés, Ruben

Samama, con quien creamos una canción basada en las frecuencias que no puedo oír. Pude visualizar, mediante un algoritmo, ocho cajas de luz creando unos paisajes abstractos que representan la canción que no puedo oír. Para mí la fotografía es muy importante, y me costaría mucho dejarla. Pero en realidad lo que me interesa es hablar de lo que necesito hablar. Últimamente me ilusiona usar otros medios, como el sonido, aunque tengo una relación muy compleja con él.

P.: Si lo que es sagrado es el tema, ¿cómo influye el formato en tu forma de trabajar?

A.: Ahora mismo, diez años después de *A History of Misogyny*, estoy bastante agotada de lo que implica hablar de ese sufrimiento colectivo. ¿La herramienta con la que lo hago? Puedo intercambiarla con facilidad. Con matices, claro: no me hagas escoger una herramienta que se me da mal o no me gusta. El vídeo me cuesta porque es un trabajo muy colectivo, implica mucha producción y un proceso muy lento. Pero preferiría hacer un documental sobre un tema que me interesa que hacer fotos de cosas que no me interesan. La plataforma en la que se muestra mi trabajo —un libro, una instalación, una proyección— es la base de todo. Escojo qué plataforma sirve para el tipo de historia que estoy contando y luego utilizo las herramientas —foto, textos, sonido, lo que sea necesario— para crear esa historia en esa plataforma. Muchas veces son intercambiables: a veces han funcionado mejor, a veces peor, pero ese es el sistema que uso. Lo más importante es la historia, el tema, la idea, el concepto. Porque unas veces son historias, pero otras son ideas… ¿Y tú? ¿Qué harías si tuvieras que escoger entre no hacer fotografías nunca más o no contar historias que tengan que ver con la migración y el medioambiente?

P.: Te respondería igual. Prefiero hacer radio en Tombuctú que fotos en el Bernabéu. No llegué a esta profesión con la intención de fotografiar lo que decidan otros, aunque haya tenido que hacerlo mil veces. Los mejores reportajes, los que más he disfrutado, no han sido por encargo, excepto esas raras ocasiones en las que un encargo se mimetiza con tus intereses y todo fluye a la perfección. Entiendo la fotografía y el periodismo de forma vocacional. Estás aquí porque te apasionan ciertos temas. Quieres trabajar sobre ellos, profundizar en ellos. La herramienta que más disfruto, o con la que más cómodo me encuentro, o la que más domino, es la fotografía. Pero al final la fotografía también acaba siendo solo un componente. Crecí periodísticamente obsesionado con la combinación de fotografía y texto. Solo en los años que colaboré con Associated Press me dediqué exclusivamente a la fotografía, pero incluso entonces no trabajaba solo para Associated Press. El resto de las veces siempre hubo una combinación de formatos de una forma u otra. Ahora, en *Sonda Internacional*, cuando activamos un proyecto hay involucradas muchas otras personas: mis compañeros Pablo Tosco, Júlia Cussó, Lily Mayers o Jorge Mileto, Mikel Konate, Simón Casal, colaboradores externos… y siempre con el apoyo de Maribel, qué haría yo sin ella. Hay fotos, vídeos, textos, mapas, gráficos, traducciones. Acaba siendo un trabajo muy colectivo, en el que intervienen muchos formatos. A nivel de realización solo me ocupo de la fotografía y un poco del texto, pero estoy coordinando y editando para que todo fluya. La clave es contar la historia con las mejores herramientas posibles. Eso sí, como autor, mientras pueda trabajar con fotografía, no lo cambiaría por nada.

A.: Si tuvieses que elegir la circunstancia ideal en la que tu público consuma tu material, ¿cuál sería?

P.: Cada vez me limito más a trabajar en reportajes que se van a publicar *online*, y cada vez menos en papel. Las exposiciones, por ejemplo, me parecen un formato maravilloso, pero no tengo la paciencia que hay que tener, o el cariño que hay que darle a su creación y conceptualización. No me gusta invertir tiempo ahí. Quizá se deba a que no sé hacerlo. Pero fíjate, siempre se saca algo bueno de los malos momentos. En aquellos años que tanto sufrí produciendo proyectos web, algo aprendí. Hay un gran universo a la hora de contar historias que se van a publicar *online*. Ahora mismo estamos actualizando la web de *Sonda* y creo que está quedando muy bien para cubrir las necesidades que implica publicar periodismo visual. Si tuviera más recursos, me metería a hacer ahí muchas cosas. No creo que publicar *online* sea algo básico. Igual que una exposición pueden ser diez fotos en una pared o algo muy elaborado, como lo que haces tú, publicar *online* puede ser sota, caballo y rey. O al revés. Puede haber un universo de posibilidades desde el que creas un proyecto inmersivo para esa navegación *online*, y también hay que tener en cuenta cómo se consume, en cuánto tiempo se consume. No es lo mismo sentarte delante del ordenador y ver un vídeo que hacerlo en un sofá y ver en una pantalla de televisión un documental de una hora y media. Todo eso acaba influyendo en el ritmo de la narrativa del vídeo. Es un mundo que me gusta explorar.

A.: Adaptar la narrativa a la forma de consumo, como dices, es exactamente lo que hago cuando pienso una exposición o un libro. Hago un ejercicio de empatía extrema para intentar entender cómo me sentiría si fuese la persona que está delante de las piezas o el objeto. Intento pensar estrategias para que el tiempo que estés ahí sea el máximo posible y te afecte de una forma u otra. La web tiene limitaciones, pero también las tiene el espacio. Muchas veces, tener que llenar una sala de 300 metros cuadrados —o un libro de 200 páginas— sin que sea aburrido o redundante es parte del reto. Las narrativas más largas tienen la ventaja de no tener que condensar, pero al mismo tiempo corres el peligro de rellenar por rellenar. Como editora, me ha pasado tener un proyecto hecho desde un punto de vista más reportajístico, aunque fuera de años, y tener que pasarlo a un formato de libro. Este tiene un arco narrativo muchísimo más largo y adaptar eso a veces es un castigo para el editor. ¿Cómo consigues, entonces, mantener una narrativa larga, interesante y cerrada en un formato? Desde mi punto de vista, teniendo la plataforma final en mente desde el principio de la producción. Con las exposiciones, a veces, es incluso más difícil que con los libros. Porque una exposición no debería verse solo en 2D. Conseguir una experiencia inmersiva utilizando bien el espacio es algo muy complejo. No te digo que yo lo haga siempre bien, pero ese es el objetivo. Cuando los artistas lo hacen bien, es fascinante estar ahí dentro.

P.: Pero tú lo haces bien, ¿no?

A.: A veces más, a veces menos. Es parte del juego. Hay muchísimas variables y a menudo no dependen ni de ti. Mis proyectos se muestran en museos, pero también en el ámbito de la cultura, como pueden ser festivales, donde muchas veces los recursos son más limitados.

P.: Las exposiciones son muy importantes en tu trabajo. ¿Te piden que las traslades también al mundo digital?

A.: Alguna vez, y estoy en contra. Pongo *online* lo mínimo que puedo. He compartido muchas cosas que ahora no compartiría. Parte de mi intención es sacar historias al mundo físico, porque quiero crear esos espacios de reflexión más lentos. Además, me preocupa dónde acaban las fotos, que es algo que no puedo controlar demasiado. Pero para mí, sobre todo, es una cuestión que tiene que ver con el respeto y el tiempo. Mi objetivo no puede ser que alguien pase en *scroll* una foto de una mujer que ha abortado ilegalmente y me ha regalado su historia… Necesito que te pongas delante de esa pieza, a la altura de sus ojos, que estés en silencio y que mantengas un rato la atención. Otra cosa es que te esté pidiendo demasiado y que eso no vaya a pasar tan fácilmente. Pero es lo que me gustaría. Dentro de eso, juego en un sistema, en una industria, y hay muchos parámetros. Uno de ellos es que tengo que comunicar lo que hago. Mi mayor preocupación en este aspecto es que el lenguaje o el formato sean demasiado elitistas. Un libro de fotografía, por ejemplo, es un formato muy poco accesible. Siempre intento que sea lo más económico posible, dentro de un equilibrio de calidad de materiales. De *On Abortion* imprimimos 4.000 ejemplares, que es una tirada larguísima para un libro de esa temática. De esa forma conseguimos que estuviese a 35 euros, que es muy poco si lo comparas con otros fotolibros. Pero ¿qué porcentaje de la población mundial se lo puede permitir? Además, si lo piensas, solo son 4.000 libros. Desde el activismo se priorizaría que el mensaje fuera más masivo, no que el papel hiciera el objeto más interesante. Pero esas son las contradicciones del arte político. Ahí es donde se vuelve más elitista, y yo busco compromisos. Dicen que el papel no es tan importante, pero el objeto es uno de los motivos de que, por ejemplo, acabe ganando premios o recibiendo buenas críticas. De esa manera haces que el libro tenga una vida muchísimo más larga y acabe llegando a más gente. Esas decisiones que pueden parecer estéticas o banales en comparación con que el libro tenga un precio más bajo para que llegue a más gente son, simplemente, estrategias diferentes. Depende de cómo juegue las cartas de la industria, sé que voy a tener más atención y sé que esa atención se puede traducir en más resonancia. ¿Piensas mucho en la vida a largo plazo de tus imágenes?

P.: Me fascina la vida que pueden acabar teniendo las fotografías una vez publicadas. Me encanta saber que tienen esa vida, porque yo prefiero limitarme a hacer periodismo, hacer reportajes y publicarlos. No me veo capaz de sacar un tiempo que no tengo para llevar esos trabajos a otros ámbitos, más allá de las conferencias y las colaboraciones puntuales con otros sectores. Una vez me puse a recopilar lugares donde habían acabado mis fotos, cosas que me envía la gente por redes sociales o que me cuentan por ahí. Cuadros, grafitis, obras de teatro, documentales, películas de ficción. Había un escultor que a partir de una de mis fotografías —la de un chico subido al poste de una cámara de seguridad de Melilla— había hecho una serie de esculturas pequeñitas para una exposición. También otra más grande que instaló sobre una farola en Holanda. O instalaciones donde replican alguna de las fotografías. Incluso una se empleó para hacer una edición limitada de una conocida marca de *sprays* para grafitis. También hay artistas que se inspiran en ellas para crear sus obras.

A.: Eso es fascinante. Antes me decías que hay gente que pese a todo eso te recrimina no «hacer más».

P.: A lo mejor es mi culpa. En este caso no creo que sea una exigencia que me haya hecho nadie, aunque sí me han preguntado en muchas charlas, después de mostrar algunos trabajos, si pretendía llevarlos a colegios, universidades y a otros ámbitos. Estaría genial hacerlo, pero no tengo tiempo. Y mira que creo que soy un culo inquieto, me involucro en muchos proyectos.

Desde la creación de un festival de fotografía en Bolivia o la realización del documental *The Gourougou Trial*, que tenemos en Netflix, hasta la creación del proyecto Archivo COVID y todo lo que supuso, o la creación de *Sonda*. Pero a eso me refiero: no tengo tiempo para hacerlo todo y además defiendo que el periodismo tiene un valor en sí mismo, es decir, publicar ya tiene un valor enorme sin necesidad de que seamos nosotros mismos quienes llevamos esos trabajos a otros ámbitos. Esa vida que tienen las fotografías, la cantidad de cosas que la gente hace con ellas, es prueba de ello.

A.: Me parece muy curioso que continúes usando metodologías periodísticas a la hora de fotografiar, pero que en realidad ya no trabajes para medios. Tú decides qué te apetece mostrar y qué no.

P.: Cuando digo que no trabajo para medios es porque me alejé mucho de ellos y eso derivó en acabar creando uno. Pero sigo siendo un colaborador cercano de *5W*, sigo colaborando puntualmente con otros medios y además he creado *Sonda*… así que sigo inmerso en ello. A lo que me refiero es a que mi trabajo se estructura mucho menos que antes a través de los medios de comunicación tradicionales.

A.: Pero tú eres más un medio que un fotógrafo.

P.: Bueno, soy un fotoperiodista *freelance* y espero seguir siéndolo siempre, pero ahora, además, soy director de uno de los medios de comunicación más pequeños del planeta [ríe]. Mi pelea con el formato está exactamente en lo que acabas de decir: crear las condiciones para lograr trabajar en la forma en la que creo que merece la pena hacerlo… ¿A ti te gusta lo que haces? ¿Estás satisfecha con todas las cosas que tienes que hacer, o hay algunas que te sobran?

A.: Es una constante lucha para conseguir un equilibrio, ¿no? Ahora estoy haciendo un proyecto con Joan Fontcuberta. Nos conocemos desde que tengo 20 años y siempre me ha parecido que, entre muchas de sus cualidades, la más importante es su capacidad de reinventarse. No se ha limitado a hacer lo mismo durante 40 años. Está en un estado de constante curiosidad y creación. Siempre que le pregunto sobre ello me responde que la clave es que se lo pasa muy bien. Yo no diría que me lo paso bien trabajando. En mi proceso hay mucho dolor. Claro que hay aspectos que son más ligeros que otros y también muchos momentos muy especiales. Si no, no lo haría. Pero también te digo que creo que hay un límite y, probablemente, una necesidad de cambio de rumbo.

P.: Hay una intensidad en lo que hacemos que a veces abruma.

A.: El ritmo que llevamos, los temas que tratamos, el componente emocional, también los viajes y la creación, como has comentado a lo largo de esta conversación… Ha habido momentos en que he tenido varios terapeutas. Para poder lidiar con las consecuencias de estar en constante contacto con estos temas —algo así como un síndrome de estrés postraumático [PTSD, siglas en inglés] por empatía— y para aprender a trabajar mejor, a cómo entrevistar a mujeres violadas para no retraumatizarlas. Una de ellas me alertaba de cómo en el periodismo hay un bulo peligroso que es el concepto de la catarsis, esa idea de que un proyecto sobre los traumas de una persona puede ser «catártico» y positivo para ella. Me decía: «Ojo, porque tú te vas a casa y a ver esa persona cómo gestiona sola haber abierto esa caja de Pandora».

P.: Claro. ¿Cómo no va a afectar? Y ¿cómo no te va a afectar también a ti exponerte a todo eso?

A.: Totalmente. Pero incluso en *Colors* tuvimos momentos así. Recuerdo que estábamos haciendo el número *Making the News*, en el que planteamos una comparativa histórica de fotos de chavales tirando piedras en Palestina. Era una crítica a la idea de repetir el mismo tipo de mecanismos visuales y observar las consecuencias. La idea inicial no era usar esas imágenes, sino las de niños muertos en guerras. Me pasé meses buscando y acumulando ese tipo de fotografías durante horas y horas. Así una pierde la cabeza. Pienso que estar delante de la persona muerta es diferente. Con la distancia se crea una gran disonancia cognitiva. Hay una especie de perversión en sentir el dolor del otro, sin poder compartirlo físicamente en el mismo tiempo y espacio, que te desespera y te deslegitima. Sobre todo si luego pretendes irte a un bar con los amigos como si no te hubieses pasado el día viendo miserias ajenas a través de una pantalla.

P.: Me parece que puede ser mucho más duro gestionar lo que tú haces durante el tiempo de investigación, de gestión de archivos, de edición, que estar puntualmente viendo algo en el terreno y luego salir de ahí.

A.: No lo puedo comparar, porque tengo mucho respeto a los que estáis ahí en el terreno, pero sí que hay algo más real, más «natural». Siempre digo que hay un momento en que no sé dónde estoy. No sé en qué realidad estoy, porque siento que esas historias se integran en mi cuerpo y en mi realidad.

P.: Ahora está pasando con Gaza. Lo he hablado con muchos compañeros y compañeras. Nunca un sitio en el que no estoy físicamente me generó tanto estrés y tanto malestar. Estar constantemente viendo algo tan bestia, tan *heavy*, que no frena... Hace unos meses estuvimos en la playa de Gaza con el Open Arms. El escenario era un desastre, pero al no poder pasar de la playa, lo que se veía era menos duro que estar viendo desde casa las imágenes que publican los compañeros gazatíes. Imagina cómo les debe afectar a los editores que están día tras día trabajando con esas imágenes.

A.: De hecho, me di cuenta de esto siendo editora. Es interesante cómo te afecta esa posición estática. La parte física del viaje es muy importante para poder gestionar y digerir todas las emociones, y es algo en lo que quizás no pensamos demasiado. Yo pienso mucho en cómo nos afecta la forma en la que consumimos la información. El editor no solo la consume, sino que tiene que conceptualizar esa información. Tengo esta teoría: tú y yo somos de la generación del *link*. ¿Te acuerdas cuando empezaron las primeras webs? Para buscar una información íbamos de un enlace a otro. Era un posicionamiento muy activo en la búsqueda de información. La de ahora es la generación *scroll*. Es una forma de consumir muy pasiva, en la que recibes constantemente y acumulas sin ser proactivo. Nunca me he considerado catastrofista con la tecnología. Me gradué en 2008, el año de la crisis...

P.: Yo también.

A.: Y aparte de que no había trabajo, ni esperanza de que lo hubiese pronto, parecía que la fotografía se acabaría a causa de la revolución digital y la entrada del vídeo en las cámaras. Mis profesores tenían discursos extremadamente tradicionales, y yo pensaba: «Aunque te pongas en contra, no va a dejar de pasar». Ahora sucede algo similar con la inteligencia artificial. Creo que nuestra generación, que está en medio, tiene una perspectiva más optimista, de aceptación. Vamos a ver cómo lo gestionamos. No suelo pensar que antes era mejor. De hecho, pienso que antes era peor en muchos aspectos. Yo no podría hacer mi trabajo sin internet, aunque es cierto que tiene sus problemáticas. A nivel neurológico, aún no sabemos las consecuencias de todo esto, sobre todo en la gente más joven.

P.: Estoy totalmente de acuerdo con cómo lo has expresado. Yo tampoco creo que ahora sea peor, pero hay cosas que me parecen enfermizas, como cuando me descubro a mí mismo haciendo un *scroll down* en Instagram, o en TikTok, y de repente me salta un vídeo de Gaza demoledor, y la siguiente imagen es...

A.: ...un vídeo de gatitos.

P.: Sí, o cualquier burrada. Aparece un niño desangrándose y lo siguiente es un tipo probando hamburguesas. La combinación llega a dar asco. Pero no sé cuál es la solución a esto.

A.: El impacto cognitivo de esto es grave. Hubo un momento, cuando estaba haciendo el proyecto *On Rape*, en el que hackeé el algoritmo para que solo me salieran fotos de perritos y gatitos. Totalmente intencionado.

P.: Ya me contarás cómo hackeas el algoritmo.

A.: [Ríe]. No soy ninguna *hacker*. Me refiero a convencer al algoritmo. En TikTok es muy fácil, es cuestión de consumirlo mucho rato. Es brutalmente sensible. Si te soy sincera, estoy muy contrariada por lo que significa que todo este tipo de imágenes de guerra estén circulando constantemente en plataformas como Instagram. Puede que me equivoque, y que esto sea necesario y esté ayudando a que no sea aún peor. No lo sé. En clase siempre llevo el ejemplo de cómo parte del movimiento Black Lives Matter pedía que no se publicase más el vídeo del asesinato de George Floyd en redes. Recuerdo un artículo del *New York Times* en el que decían: Dejad de compartir las fotos de los cuerpos negros como si fuesen un objeto, por mucho que lo hagáis desde el punto de vista del activismo. Al mismo tiempo, es muy probable que ese vídeo ayudase a cambiar el rumbo de la política en Estados Unidos. Hay varios casos en los que desde el activismo se han utilizado imágenes que violan los derechos y la vulnerabilidad de la persona que aparece, fallecida o asesinada. Con este tema yo me encuentro dividida. Entiendo la importancia que puede tener, entiendo que en la actualidad incluso el pueblo sometido lo pida, o incluso que sean ellos mismos los que lo están compartiendo. Lo entiendo. Pero al mismo tiempo, me parece muy problemático el lugar donde se está compartiendo.

P.: Me pasa algo parecido. He ido de más a menos en cuanto a la seguridad de lo que pienso sobre estas cosas. Porque además tiene muchas capas. Lo que acabas de decir es una de ellas. Siempre he defendido la necesidad de generar imágenes duras y publicarlas, pero algunas que publiqué en su día —por convicción, por inconsciencia, por falta de tiempo de reflexión o falta de filtro editorial— hoy en día no sé si las publicaría. Durante la pandemia se generó un debate sobre la necesidad de mostrar determinadas imágenes. Aquí sí que hubo una infantilización de la población. No se publicaban fotos de muertos, no nos dejaban mostrar las peores consecuencias del virus, pese a que estaban pidiendo a la población que se quedara en casa precisamente por esas consecuencias. No tenía sentido. Hice una foto de un cadáver, que no era especialmente dura porque estaba dentro de un sudario. Hasta aquel momento no había visto ni una sola foto publicada de un muerto por covid en España y ya había empezado el debate. Tal vez había alguna, pero yo al menos no la había visto. Esa historia salió en *5W*, pero antes compartí la foto en particular en redes sociales. No hizo mucho ruido, pero sí recibí algunas reacciones. Una mujer me escribió diciendo: «Esa es la residencia donde está mi madre a punto de fallecer». Acabamos hablando por teléfono y le expliqué el reportaje que estaba haciendo. Nos permitió seguir la historia, la del fallecimiento de su madre en una residencia, en pleno estado de alarma. Ella trabajaba en servicios sociales, entendía perfectamente lo que estábamos haciendo y lo apoyaba. Pero también recibí otros mensajes. Recuerdo uno en concreto de un compañero que me decía: «Oye, trabajamos de forma diferente fuera de España que dentro, ¿no?». ¿Qué pienso sobre eso? Que abogo no por hacer fotos menos duras fuera, sino por hacer fotos más duras dentro cuando hace falta. Lo que pasa es que dentro, literalmente, me daban miedo la reacción y las consecuencias, incluso a nivel legal, de lo que pudiera publicar. Y la autocensura era enorme.

A.: Total.

P.: Pero con el tiempo cada vez tengo una opinión menos formada sobre todo esto. No es que ahora piense lo contrario. Pero la forma en la que estamos consumiendo esas imágenes me hace dudar. Por lo que decías: se desvirtúa el lugar desde donde se consumen. Es decir, tengo más dudas sobre la forma en la que se consumen esas imágenes duras que sobre el hecho de publicarlas en sí. Lo que más miedo me da es que estamos en manos de una serie de corporaciones que funcionan con sus propias regulaciones y que toman decisiones según lo que ellos quieren. Todo eso, en conjunto, me parece peligroso y en ocasiones enfermizo. Es mucho más complejo y va mucho más allá del debate clásico que teníamos antes sobre si un medio de comunicación tradicional debe publicar fotografías duras o no.

A.: Totalmente de acuerdo. Tanto en nuestro papel de ciudadanos consumidores como en el de profesionales creadores tenemos que denunciar las prácticas negativas en las que hemos incurrido históricamente —y aún en muchas ocasiones— por su nombre: perspectivas racistas y coloniales en las que los cuerpos de las personas que no somos nosotros, que no tienen el color que tenemos nosotros, valen menos, y entonces no pensamos en las consecuencias que tiene vulnerarlos y exponerlos. Pero lo más preocupante es el discurso paternalista que hay detrás: nosotros somos los buenos, lo estamos haciendo para ayudarlos, lo estamos haciendo para salvarlos. Al final y al cabo, con las mejores intenciones, la hacemos o no, la publicamos o no. Somos humanos. Pero el discurso a nivel social, institucional, tiene que revisarse. En definitiva, una de las preguntas más básicas: ¿El fin justifica los medios?

P.: En otra operación de rescate en el Mediterráneo central, en 2017, rescatamos una patera en la que había 168 supervivientes y 13 cadáveres. Llevábamos días trabajando en la zona y documenté una vez más, como tantísimas otras, el proceso entero. Había muy mala mar y ya sospechábamos que algo había pasado. Al llegar a la patera, un chaval me dijo: «Hay un muerto aquí dentro». Y otro dijo: «Hay tres». Y otro: «Cinco». Eran tantos en la patera y estaban tan hacinados que ni siquiera podían saber cuántos muertos había. Cuando fuimos sacando a los supervivientes, que estaban hechos polvo, encontramos 13 cadáveres. Estaba todo el fondo de la patera lleno de cadáveres semidesnudos, quemados. Para mostrar aquello así, de forma contundente, tenía solo un tiro de cámara. La banda neumática de esas pateras es muy alta y tenía que esperar a que subiera una ola. Me sujetaban unos compañeros desde la proa de la lancha de rescate y así pude hacer un picado y una foto explícita, muy bestia. Fue una de las primeras veces en mi carrera en que publiqué una fotografía en redes sociales antes de publicarla en un medio de comunicación. Pensé genuinamente que no lo iba a querer publicar ningún medio y tomé la decisión de que esa foto se debía ver. Si no se veía, no existiría, no habría un registro. Si no hubiéramos estado ahí, no sabríamos que 13 personas más habían muerto en el Mediterráneo aquel día. El caso es que hice la fotografía, se compartió y se hizo viral. Me cerraron la cuenta de Instagram y creo que de Facebook también. Me dijeron que a la gente que compartía mi publicación también le cerraban la cuenta. Hasta que nos las reactivaron. Resulta que esto había sido porque la imagen incumplía la política de desnudos. No era porque fuera fuerte. Era porque se veía un pene, se veía medio pecho… La mojigatería esta…

A.: Puritanos.

P.: Exacto. Lo curioso es que regresé y de repente ocurrió el atentado de las Ramblas. Me pilló fuera de Barcelona. Me avisó la CNN: «¿Estás ahí?». Volví corriendo. Al final cubrí los días posteriores al atentado para Associated Press. Cuando llegué a las Ramblas, como acababa de pasar lo de la patera y eso había dado muchas vueltas, hubo gente que había compartido la foto de los muertos en la patera que empezó a exigirme —no a pedirme, a exigirme— que ni se me ocurriera publicar la foto de un cadáver de la Ramblas. En las Ramblas habían muerto atropelladas 13 personas, y también eran 13 las personas muertas en la patera. Cuando yo llegué ya no estaban los cuerpos, pero a priori no habría tenido ninguna necesidad de publicar las fotos de esos cadáveres porque el mundo entero sabía que había 13 muertos en las Ramblas sin necesidad de verlos. A mí me parece importante publicar la foto de los 13 muertos en el mar pese a que, si hubiera tenido margen de maniobra, habría intentado que la foto fuera diferente. Porque es de esas fotos que no se dejan ver, que no se dejan mirar. Luego podía parecer que yo estaba tratando cada historia de forma diferente, por aquello de estar dentro o estar fuera de casa. Me pregunté a mí mismo cómo lo habría hecho si hubiera llegado a las Ramblas cuando aún estaban los cuerpos.

A.: Exacto, porque que se sepa o no se sepa no es el único factor a tener en cuenta. Las políticas de representación tienen un impacto grave en la sociedad: el hecho de mostrar o no mostrar, quién merece ser protegido de la exposición, qué cuerpos tienen más valor. Entiendo perfectamente y agradezco tu reflexión, porque es muy interesante. Cuántas veces no somos conscientes, y yo la primera, de que muchas de nuestras decisiones luego tienen consecuencias colaterales más allá del momento de nuestras, en principio, buenas intenciones. Recuerdo un proyecto de retratos en el que yo pensaba que estaba señalando estigmas, y en el que quizá acabé proyectando demasiado parte de mis pensamientos, incluso prejuicios. Puedes tener una buena intención, puedes tener una lógica de decisión en tu proceso, puedes incluso estar acertado en muchos elementos; pero con los años aprendes que hay muchas más variables que implican la representación de esas comunidades, que van muchísimo más allá de tus buenas intenciones.

P.: Totalmente. A mí eso me genera mucho estrés. Soy bastante neurótico con la información. Al principio, al escribir me sentía demasiado expuesto porque lo que escribía siempre me parecía demasiado impreciso. Me decía: No lo estoy contando bien de verdad. Porque no hay tiempo, porque todo se puede reinterpretar… En cambio, con la fotografía, pese a todas las subjetividades que tiene, pensaba: Bueno, al menos no me puedes negar que lo que fuera que hubiera fotografiado está ahí, ¿no? Me podía agarrar a algo más tangible. Siempre me ha preocupado mucho. También tengo y he tenido ese miedo a fallar en la forma en la que represento aquello que documento. Pero luego hay cosas que me reconcilian con el oficio. Una de ellas, la más importante para mí, fue la idea del periodismo internacional y la figura del corresponsal. Yo salí de Sociología con muchas críticas al trabajo de campo rondándome la cabeza: Quién eres tú para irte a la otra punta del mundo a contar algo, es lo peor que puedes hacer, no tienes ni idea; aunque creas que sabes, no sabes, vas a reproducir todos tus sesgos, etc. Con eso en la cabeza me voy a Bolivia y empiezo a trabajar allí para la agencia Efe. Tenía miedo de hacerlo todo mal. Pero pronto empecé a defender la idea de salir fuera a contar historias, aunque sean ajenas a nosotros, de comunidades que son ajenas a nosotros, porque me pareció que hay una combinación perfecta, de hecho, entre el conocimiento local y la visión internacional cuando se trata de contar historias que van a llegar a lugares muy lejanos respecto a donde ocurren. Creo que hay una compensación entre lo viciada que está la visión del que está dentro y la superficialidad de la visión del que está fuera. Hay un punto de equilibrio en algún lugar, en medio seguramente, que está muy bien. El local conoce en profundidad, el de fuera conoce el público a la que va a ir dirigida esa información. En Bolivia iba a lugares increíbles. Recuerdo estar trabajando en un cementerio, fotografiando un ritual, y mis compañeros del resto de agencias me empezaron a decir: «Vámonos ya, Santi, esto es lo de siempre». Esto es lo de siempre para ti, que llevas toda la vida haciéndolo. Fuera la gente no sabe que existe. Esto es increíble. En esa época rescaté aquello del proceso de reflexividad de la investigación cualitativa, la reflexión sobre la influencia del propio investigador sobre el objeto de estudio y el proceso de trabajo. Yo represento hoy en día todo lo que podemos criticar fácilmente: hombre, de mediana edad, blanco, europeo, de Europa occidental… Ese ejercicio está muy bien para depurar la forma en la que trabajamos y detectar muchas de nuestras meteduras de pata y cómo volcamos nuestra visión sobre aquello en lo que trabajamos. Pero a veces, también, sirve para detectar que no todo está mal. A veces sí que acertamos. Por eso reivindico el fotoperiodismo y el periodismo internacional. Si hablo de fotoperiodismo en una sala, hago todas las críticas y autocríticas que me corresponde hacer, pero hasta un límite. Oye, hasta aquí la autocrítica, no todo lo hacemos mal…

[Silencio].

P.: A colación de ese PTSD del que hablabas antes, a mí me resulta muy curioso cómo el conflicto se lo come todo a nivel de interés. Yo estoy dando una charla en algún sitio hablando de todo mi trabajo —en el que hay algo sobre conflictos, pero no soy en absoluto un fotógrafo de guerra— e inevitablemente el interés y la preguntas se dirigen hacia eso: «¿Cómo gestionas el trauma después de ir a estos sitios?». Da igual el foro y el nivel educativo. Es lo que pregunta todo el mundo.

A.: ¿Cómo te afecta?

P.: Sí. Cómo es, cómo te afecta, cómo vuelves de ahí, etcétera. A los estudiantes de Periodismo, cuando preguntan, les suelo contar que lo que más me costó al principio, lo que más me afectó, no fue tanto lo que todo el mundo entiende por traumático al hacerte esa pregunta —haber experimentado o visto escenas duras—, sino la gestión de lo que venía detrás: la reflexión sobre cuál era mi papel en lo que estaba haciendo, la industria con la que tenía que lidiar, y una exposición al público no buscada. Cuando alguien se mete a cantante o actor, entiendo que hacerse conocido forma parte del guion. En comparación con la gente que es conocida de verdad los fotógrafos no lo somos, ni mucho menos, pero sí tuve un momento en que volví a España y, a veces, me paraban por la calle porque había salido mucho en televisión. Me contactaba mucha gente. Con el tiempo te acostumbras, pero cuando de pronto te conoce mucha gente a la que tú no conoces, hay un impacto. Al menos a mi me resultó incómodo. Nadie me había preparado para eso. Además, todo esto venía por mostrar tragedias ajenas. Tú vuelves a casa, sigues con tu vida, mientras la gente de las fotos por las que tú estás recibiendo un reconocimiento está igual o peor que cuando tú las fotografiaste. Comprender dónde me posiciona todo eso me generó mucha más ansiedad que lo que todo el mundo entiende por PTSD, que es el recuerdo traumático de las experiencias vividas…

A.: Por eso te hablaba de vivir una realidad que no es. En mi caso, hasta el punto extremo de a veces ni haber pisado ese suelo. Entonces aún me siento más… Digamos con síndrome del impostor a nivel emocional, no sé cómo decirlo. Tuve una psicóloga que me ayudó mucho con esto. Un día estábamos inaugurando una exposición y recuerdo sentir el cortocircuito mental de la situación «de celebración» versus lo que había colgado en la pared. Es algo que aún me cuesta a veces, y ahora intento relativizarlo y vivirlo como parte del proceso. Me dijo: «Piensa que eres un puente entre aquellas circunstancias o aquellas injusticias que investigas y que estás intentando hacerlas llegar a un público que está muy alejado de esa realidad». No te voy a negar que a veces se crean escenas que me resultan extrañas, pero al menos hay un propósito. Muchas veces tengo en mente un tipo de público específico. Con *On Abortion*, pensaba en cómo hablar a los hombres. ¿Cómo hago para que alguien a quien no le apetece para nada estar mirando esto se quede mirando, lea y no le incomode tanto como para que se quiera ir de la habitación? En el día a día me encuentro muchas situaciones cargadas de contradicciones, en la relación del arte con el dinero, en las circunstancias en las que se enseña...

P.: A mí me ha pasado algo similar. Dejé de martirizarme tanto. Como decía antes, uno va cumpliendo años, ya no es nuevo, va ganando experiencia y entonces aprende a dominar mejor los distintos aspectos del trabajo, aunque el aspecto económico nunca deje de ser un verdadero reto.

A.: ¿Como trabajas en derechos humanos, tienes que hacerlo altruistamente? Perdona, pero no.

P.: Por descontado.

A.: De hecho deberíamos pagar mejor a los activistas, a los médicos, a los periodistas...

P.: Es un trabajo.

A.: Es un trabajo y tiene que estar bien pagado. Soy una firme defensora de la remuneración justa de nuestro trabajo. Una de las mejores cosas que he hecho por la fotografía es convencer a mis alumnas de que no se debe trabajar gratis.

Si te gustan las imágenes que se leen, suscríbete a *5W*

Las imágenes que cuentan historias forman parte del espíritu de nuestra revista desde que nació en 2015. Somos un colectivo de periodistas que no depende de ningún gran grupo empresarial, sino de las más de 4.000 personas suscritas a 5W. Si quieres hacer posible un medio atento a lo que pasa en el mundo, un medio que publica imágenes que dan la vuelta al mundo, un medio que respeta la crónica y la fotografía, hazte socio/a de 5W y recibe en casa nuestra revista y el libro anual de la colección Voces 5W.

20/200	200 FT. 61 M	**1**
20/100	100 FT. 30.5 M	**2**
	70 FT. 21.3 M	**3**
	50 FT. 15.2 M	**4**
	40 FT. 12.2 M	**5**
	30 FT. 9.14 M	**6**
	25 FT. 7.62 M	**7**
	20 FT. 6.10 M	**8**
	15 FT. 4.57 M	**9**
	13 FT. 3.96 M	**10**
	10 FT. 3.05 M	**11**

Apúntate a las crónicas de larga distancia.

Cuota anual de socio/a: 80€ (IVA incluido)

Revista anual de crónica y fotografía con más de 250 páginas.

Libro anual de la colección Voces 5W.

Acceso ilimitado a los contenidos de la web.

Escucha nuestro podcast mensual el Rickshaw, nuestro resumen de la semana.

Invitaciones y descuentos.

Entra en www.revista5w.com y hazte socio/a de *5W*